D·G·M·A·C·S·R·I·P

Matthias Rickling

Ostwestfalen

55 Meilensteine der Geschichte

Menschen, Orte und Ereignisse, die unsere Region bis heute prägen

SUTTON

Inhalt

Vorwort

Tief im Osten und ganz oben in Nordrhein-Westfalen sorgt die Region Ostwestfalen schon mit ihrem Namen für Stirnrunzeln. Doch hinter dem anscheinenden Widerspruch von zwei entgegengesetzten, sich gegenseitig kompensierenden Himmelsrichtungen, der eine Art Nulldimensionalität suggeriert und einst sogar in der Verschwörungstheorie von der Nichtexistenz ihrer größten Metropole gipfelte, verbirgt sich ein überaus reizvoller Landstrich, der vieles zu bieten hat. Nicht nur, weil die Einheimischen gerne einen Schlürschluck nehmen, bevor sie sich wieder aufn Patt machen, besonders wenn es pläddert und plästert und der olle Knötterpott wieder das Ramentern anfängt, worüber sich dann wieder alle beömmeln … Und auch nicht nur, weil die Ostwestfalen gemeinhin als die Kaltblüter unter den hiesigen Volksstämmen beschrieben werden, die sich bisweilen durchaus bemühen, sämtlichen Klischees von dickschädelig bis maulfaul und kontaktscheu zu entsprechen … Sondern, weil die Region im Schatten des legendären Teutoburger Waldes fast ein Sechstel des gesamten Bundeslandes ausmacht, gemeinsam mit Lippe einen der stärksten Wirtschaftsstandorte in ganz Deutschland bildet und zudem mit zahlreichen aufregenden Besonderheiten aufwartet, die in jeder Beziehung die Bezeichnung „Meilensteine" verdienen. Zu diesen Höhepunkten der ostwestfälischen Vergangenheit gehören neben einem UNESCO-Welterbe und diversen trutzigen Burgen auch außergewöhnliche Erdformationen und faszinierende Naturwunder, fortschrittliche Bauwerke und richtungweisende Ideen sowie eigentümliche Traditionen, denkwürdige Begebenheiten und einige unvergessene Persönlichkeiten, die sämtlich hier ihre Heimat haben.

Zweifelsohne werden aufmerksame Leser bemerken, dass dieser und jener „Meilenstein" aus der urlangen Vergangenheit Ostwestfalens übergangen, ausgelassen, versäumt oder gar vergessen wurde. Und es stimmt, denn die vermeintlich unscheinbare Region ist natürlich viel bunter, abwechslungsreicher und beachtlicher als mancher Knötterpott es ahnen mag. Die vorliegende Auswahl für 55 kleine Entdeckungsreisen durch die Geschichte Ostwestfalens ist daher einzig der Willkür des Autors geschuldet. Viel Freude damit wünscht

Matthias Rickling

Oberhalb der Paderquellen erhebt sich der Hohe Dom zu Paderborn. ▸

1 In einer Welt vor unserer Zeit

Der Doberg zu Bünde

Wenn weltweit Geologen und Paläontologen bei der Erwähnung von Bünde wissend lächeln, dann liegt es wohl am Doberg. Denn vor den Toren der Stadt hat sich der einstige Tagebau und Truppenübungsplatz zu einem berühmten Nationalen Geotop gemausert.

Der Doberg, ein Schaufenster in die Erdgeschichte.

Der Doberg bei Bünde ist Ostwestfalens Schaufenster in eine Welt lange vor unserer Zeit. Er erlaubt einen Blick in jene Epoche, als das Ravensberger Hügelland noch von der subtropischen Ur-Nordsee bedeckt war, an deren Ufern Palmen wuchsen und Nashörner spazierten. Wir befinden uns im Zeitalter des Oligozäns vor rund 30 Millionen Jahren. Am Grunde der See lagerten sich Überreste von Fischen, Schnecken, Seeigeln und weiterem Meeresgetier als Sedimente ab, die sich im Laufe der Jahrmillionen zu Sand-, Ton- und Kalksteinen verfestigten. Das Bünder Sedimentgestein ist sogenannter Mergel, der sich sowohl für den Straßenbau als auch als günstiger Dünger eignet. In der Mitte des 18. Jahrhunderts begann man mit dem Abbau, wobei die zahllosen Gruben und Stollen eine von Menschenhand so zerklüftete Landschaft bildeten, dass die Bünder heute nicht mehr auf, sondern in den Doberg gehen. Erst als 1911 der Schädel eines Urwals und ein Jahr später von einem Arbeiter das Skelett einer Seekuh gefunden wurden, begann man zu ahnen, dass der Doberg mehr ist als ein Düngelieferant.

Zahnwalschädel und Seekuh gehören bis heute zu den Highlights im Doberg-Museum. Insgesamt konnten mit den zahlreichen hier gefundenen Fossilien – darunter mehr als 500 maritime Arten – zehn Millionen Jahre Erdgeschichte dokumentiert werden. 1971 waren sich die Wissenschaftler einig, dass es wohl nirgendwo sonst auf der Welt eine so vollständige und gut erhaltene Schichtenfolge des Oligozäns gibt wie hier. Seither gilt der Doberg als Stratotyp bzw. weltweites Referenzprofil für den Zeitraum von 33,7 bis 23,8 Millionen Jahren vor unserer Zeit.

Zudem erkannte man recht bald, dass die steilen Mergelwände nicht nur eine hervorragende Fundstätte vergangener Flora bilden, sondern auch ein Dorado für seltene (noch) existierende Tierarten. Allein 85 Wildbienen- und Wespenarten finden in dem 1980 unter Naturschutz gestellten Gebiet einen Lebensraum. Seit 2019 befindet der ehemalige Düngertagebau auf einer Ebene mit Rügens Kreideküste, dem Elbsandsteingebirge und dem Altmühltal, als man den Doberg in den elitären Stand eines Nationalen Geotops erhob – und damit Geologen und Paläontologen ein Lächeln ins Gesicht zauberte.

2 Westfalens Wüste lebt
Die Senne

Sowohl die Ostwestfalen als auch die benachbarten Lipper finden in ihrer Heimat so manches einzigartige Stück Natur. Geht es jedoch um das weithin extremste, wichtigste und bedeutendste Naturstück, dann verweisen beide auf jene außergewöhnliche Landschaft zwischen Bielefeld, Paderborn und Detmold: die Senne.

Über eine Fläche von rund 350 Quadratkilometern erstreckt sich die Senne am Rand des Teutoburger Waldes. Jahrhundertelang hatten die Menschen diese

Nachdem die Natur mehr als zehntausend Jahre benötigt hatte, um zwischen Hille und Lübbecke einen einzigartigen Lebensraum einzurichten, brauchte der Mensch nur gut drei Jahrhunderte, um ihn beinahe vollständig zu vernichten. Das Moorgebiet hat seinen Ursprung in der Weichsel-Kaltzeit, die vor rund 11.000 Jahren zu Ende ging. Die aus dem hohen Norden heranrückenden Gletscher versperrten dabei der Weser den Weg und stauten sie weiter westlich zu einem See. Schließlich schmolzen die Eismassen und die Weser machte sich erneut auf ihren Weg zur Nordsee. Zurück blieb ein großes Binnengewässer, das nach und nach verlandete. Die feuchte, aber sauerstoffarme Umgebung sorgte dafür, dass abgestorbene Pflanzenreste nicht wie üblich zersetzt wurden, sondern sich als Torfschicht ablagerten, die langsam in die Höhe wuchs. So entstand ein Hochmoor, das in erster Linie nur durch Regen bewässert wird. In der Folge siedelten sich die ersten Vertreter einer speziellen Flora und Fauna an, die sich in dieser sauren, nährstoffarmen Umgebung wohlfühlten und gediehen. Die vor etwa dreihundert Jahren einsetzende intensive Entwässerung und landwirtschaftliche Nutzung sowie der Abbau von Torf als günstiges Bau- und Brennmaterial wurden auch hier bis in die Mitte des 20. Jahrhunderts betrieben. Am Ende waren die meisten Wasserflächen verschwunden und mit ihnen zahlreiche Pflanzen- und Tierarten.

Bereits zu Beginn der 1970er-Jahre erkannte man in Ostwestfalen den unschätzbaren biologischen Wert der Moore und begann damit, ein umfangreiches Naturschutzprogramm zu entwickeln. Mit Staudämmen gelang schrittweise eine Wiedervernässung der trockenen Torfrücken. Heute bildet das Große Torfmoor ein Vogelparadies, in dem sich gefährdete Arten wie Feldschwirl, Wasserralle und Wachtelkönig angesiedelt haben. Auch seltene Pflanzen wie Lungenenzian, Sonnentau und Weißer Schnabelried haben das Große Torfmoor inzwischen zurückerobert.

Schön ist's, übers Moor zu gehen, beschaulich und ein wenig urtümlich. Und wem dabei der Droste-Hülshoff'sche Grusel fehlt, der sollte sich einer geführten Mondscheintour anschließen, auf der Geschichten von Vampiren, Moorleichen und fleischfressenden Pflanzen zu hören sind. Und dann heißt es: „Ja, im Geröhre war's fürchterlich,/ O schaurig war's in der Heide!“ Sehr viel mehr Wissenswertes über den ebenso spannenden wie wertvollen Lebensraum Moor kann man im Nabu-Infozentrum „Moorhus“ erfahren, erleben, hören und sehen.

4 Mega-Kisten für die Ewigkeit
Das Steinkammergrab von Atteln

Ob die ersten Ostwestfalen die Idee von der französischen Atlantikküste oder gar aus Irland hatten, lässt sich nur vermuten. Zumindest belegen die verschiedenen sogenannten Steinkammer-, Steinkisten- oder Galeriegräber der Jungsteinzeit, dass sich Menschen schon vor rund 5.000 Jahren in der Gegend um Paderborn wohl fühlten und dauerhaft niedergelassen hatten.

Allein sieben dieser bedeutsamen Zeugnisse für die früheste Sesshaftwerdung – und damit einer entscheidenden Wandlung in der Menschheitsgeschichte – sind im Tal des kleinen Flüsschens Altenau vorhanden. Im Lichtenauer Ortsteil Atteln wurde eines dieser Gräber nach archäologischen Ausgrabungen (1926/1978) in den alten Fundamenten rekonstruiert. Das knapp 20 Meter lange, zwei Meter breite und in seinem Inneren 1,35 Meter hohe Monument wurde etwa 2500 bis 2000 v. Chr. errichtet. In dieser Phase der jüngeren Steinzeit hielt im Raum Nordhessen und im südlichen Ostwestfalen die sogenannte Wartberg-Kultur Einzug, in der unsere Vorfahren an den Flüssen dauerhafte Siedlungen errichteten und Viehzucht betrieben. Um ihre Toten würdig zu bestatten, nutzten sie in erster Linie die hier reichlich auftretenden Kalksteinvorkommen. Dazu stellten sie Reihen mit rechteckigen Gesteinsbrocken auf, die dann mit großen Deckplatten und Erde abgedeckt wurden. Den Zugang verschlossen sie mit einer einfachen Trockenmauer aus Flussgeröll. Darüber hinaus markierte ein Kreis aus aufgerichteten Steinen die Bedeutung der Stätte. Diese beeindruckend soliden Steinkammern dienten ganzen Dorfgemeinschaften oder Sippen als Gemeinschaftsgrab und wurden wahrscheinlich über mehrere Generationen genutzt.

Schätzungsweise zwischen 200 und 400 Menschen fanden im Galeriegrab Atteln I ihre letzte Ruhestätte, begleitet von diversen Beigaben wie Speisen und Getränken, Waffen, Schmuck und Werkzeugen. Die von den Archäologen geborgenen Relikte sind heute in den Museen von Münster und Paderborn zu bewundern. Gemeinsam mit den rekonstruierten Teilen des Megalithgrabes von Atteln bilden sie ein überaus beredtes Zeugnis für die kulturgeschichtliche Entwicklung der Region. Die ostwestfälischen Großsteingräber mögen nicht so beeindruckend sein wie Stonehenge, dennoch sind sie in ihrer Bedeutung nicht zu überschätzen. Die riesigen Megalith-„Kisten“ für die Ewigkeit sind der steinharte Beleg dafür, dass bereits die frühesten Ostwestfalen europaweit vernetzt waren und Anteil an den großen kulturhistorischen Entwicklungen hatten.

Ein Relikt der Ur-Ostwestfalen.

5 Von Vulkanen, Rittern und Drachen
Der Desenberg

Bewaldete Hügellande, Hochflächen, ja sogar Gebirge prägen Ostwestfalen. Ganz im Südosten jedoch, in den Niederungen der Warburger Börde, ist das Land platt und flach. Umso eindrucksvoller ist die Wirkung des Desenberges, eines steilen Vulkankegels wie aus dem Bilderbuch, der sich unvermittelt aus der Ebene erhebt und seit jeher alle Blicke auf sich zieht.

Das 150 Meter hoch aufragende Wahrzeichen der Warburger Bördelandschaft erhielt sein markantes Aussehen vor vielen Millionen Jahren durch einen Vulkanausbruch, der keiner war. Wie überall in der Erdgeschichte suchten sich glühende Magmamassen auch hier ihren Weg aus dem Erdinneren empor an die Oberfläche. In diesem Fall jedoch erstarrte das Magma, bevor es ausbrechen konnte. Da der so entstandene Basaltschlot erheblich härter war als das umliegende Kalkgestein, haben ihn Wind und Wetter im Laufe der Jahrmillionen freigelegt. Die Region rings um den unechten Vulkan entwickelte sich gleichzeitig zu einem der fruchtbarsten Landstriche des ganzen Landes und lockte schon frühzeitig Menschen an, die sich im Schatten der merkwürdigen Formation niederließen. Wann Menschen den schroffen Basaltfelsen eroberten und mit einer ersten Befestigung krönten, ist nicht bekannt. Die Burg, deren restaurierte Ruine den Berg noch immer toppt, wurde 1070 erstmals urkundlich erwähnt.

Doch vielleicht gab es schon, wie es der Volksmund will, bereits im 8. Jahrhundert eine Vorgängerburg. Sie soll zur Zeit Karls des Großen entstanden sein, nachdem ein junger Ritter den hier hausenden Drachen bezwungen hatte. Die besondere Masche dieses Kriegers war es, dem Drachen einen Spiegel vorzuhalten, der in seinem Schild befestigt war. Erschreckt von seinem eigenen Antlitz ließ sich der Drache überwältigen. Zum Dank entlohnte der große Karl den Helden mit Reichtum, Land und einem Wappen mit drei Spiegeln. Fortan nannte sich der siegreiche Ritter Spiegel zum Desenberg und errichtete seine Burg auf der Spitze des Basaltkegels.

Tatsächlich gelangte die Familie von Spiegel, die zum westfälischen Uradel zählt, erst im 13. Jahrhundert in den Besitz der Burg, die, so klein sie auch sein mag, im hochmittelalterlichen Kräftemessen des Hochadels politisch und militärisch von großer Bedeutung war. Erst ab 1550 wurde sie nach und nach dem Verfall preisgegeben.

Seit dem frühen 19. Jahrhundert rückte die pittoresk anmutende Ruine als beliebtes Ausflugsziel erneut in den Blick. Und noch immer erklimmen Scharen den Panoramaweg, der sich um den Berg herum nach oben windet, wo die Anstrengung mit einer fantastischen Rundumsicht belohnt wird. Spätestens jetzt wird deutlich, warum die Burg während des mittelalterlichen Fehde- und Kriegswesens den meisten Angriffen und Belagerungen widerstehen konnte.

Aufgrund der besonderen geologischen Gegebenheiten konnte sich an den Flanken

Unvermittelt erhebt sich der Desenberg aus den Niederungen der Warburger Börde.

des Basaltkegels zudem ein Lebensraum entwickeln, der seltene, speziell angepasste Pflanzen und Tiere beheimatet. Das Gebiet steht daher unter Schutz und gehört zum Europäischen Naturerbe. Und während sich im Sonnenlicht die exotisch wirkenden Schwalbenschwanz-Schmetterlinge zur Paarung verabreden, schlummert unter der gewaltigen Kuppe Kaiser Karl. Sein Bart wächst längst durch den Tisch und er fragt die versammelte Zwergenschar bisweilen, welches Jahr man denn schreibt, um dereinst pünktlich auszurücken, ein neues Kaiserreich zu gründen …

6 Das doppelte Städtchen
Das Rathaus zwischen den Städten

Der mächtige Felssporn, der sich aus dem Tal der Diemel erhebt, bot seit jeher eine ausgezeichnete Stelle, um ins Umland zu spähen. Der Wartberg war ein erhabener Ort für die Wacht, wurde später zum ansehnlichen Burgberg und schließlich zum Namensgeber für das „Rothenburg Westfalens“: die mittelalterliche Doppelstadt Warburg.

Doppelstädte sind ebenso denk- wie merkwürdige Phänomene der mittelalterlichen Siedlungsgeschichte. Vielerorts entstanden vom 12. bis ins 14. Jahrhundert in direkter Nachbarschaft zu den gewachsenen Ansiedlungen planmäßig angelegte Siedlungen. Zumeist fanden die alten und die neuen Städte ganz selbstverständlich zueinander und vereinigten sich. Manchmal – und das kann man in Warburg bis heute wunderbar erkennen – blieben jedoch die beiden Stadtgebiete voneinander getrennt und wuchsen zu selbstständigen Gebilden heran. Die Diemelfurt unter dem Wartberg diente schon im 9. Jahrhundert dem Handel, da sich hier verschiedene Fernwege kreuzten. Um diesen wichtigen Übergang von der markanten Höhe aus zu überwachen, errichtete Graf Dodiko um das Jahr 1000 eine Burganlage, die früh als äußerst eindrucksvoll beschrieben wurde. Im Schutz der Mauern siedelten sich bald weitere Menschen an, die von der zentralen Lage und der rasch zunehmenden Bedeutung des Ortes profitierten.

Da Dodiko 1020 ohne Nachfolger verstarb, ging das wertvolle Anwesen samt Besitz an den Paderborner Bischofsstuhl. Um das Gedeihen der Siedlung zu fördern und die eigene politische Stellung gegenüber dem rivalisierenden Kölner Erzbischof zu festigen, gewährten die Paderborner Bischöfe um 1180 dem Ort die Stadtrechte. Doch die Kölner drangen immer weiter vor und zogen mit Burgen und befestigten Städten einen immer dichteren Ring um das Paderborner Territorium. Die Bischöfe an den Paderquellen konterten, indem sie ebenfalls Stadtgründungen unterstützten, unter anderem die Warburger Neustadt um 1228/29.

Umgeben von einer mächtigen Stadtmauer, die ab 1260 sogar zwischen ihnen verlief, entwickelten sich die beiden Teile Warburgs prächtig – und blieben rechtlich voneinander völlig unabhängig. Beide Gemeinwesen hielten eigene Märkte ab, beteten in eigenen Kirchen, besaßen je eine eigene Verfassung, eigene Stadträte sowie ein eigenes Rathaus. Und auch wenn beide Hälften der Doppelstadt bereits 1364 gemeinsam an den Versammlungen der Hanse teilnahmen und mit dem freien Handel Vermögen anhäuften, blieben Warburg Altstadt und Warburg Neustadt zwei selbstständige Städte, zwischen denen es bis in die Neuzeit immer wieder zu Spannungen kam.

Dieses eigentümliche Gefüge blieb bis 1436 bestehen. Am 26. Januar vereinigten sich Alt- und Neustädter, indem sie sich im „groten breff“ eine gemeinsame Verfassung gaben. Nach diesem „großen

„Zwischen den Städten" entstand das gemeinsame Rathaus der Doppelstadt.

Brief" sollten die städtischen Gerichtstage fortan abwechselnd in den Rathäusern stattfinden, „so lange wet dat de Stede eyn Rathus buwen dar". Es sollte noch länger als 130 Jahre dauern (1568), bis es zu dem entscheidenden Kompromiss kam. An der steilen Hangkante zwischen der alten Stadt im Diemeltal und der neuen Stadt auf dem Bergrücken, dort, wo das Liebfrauentor die einzige interne Verbindung darstellte, entstand das gemeinsame Rathaus an der Gasse „Zwischen den Städten". Symbolisch überbrückt es dabei mit zwei gleichberechtigten Zugängen die einst trennenden Mauern der ehemaligen Doppelstadt. Und mit einem Blick von der Rathausterrasse auf die Stadt erklärt sich auch, warum nicht nur Warburger ihre Heimat mit „Rothenburg ob der Tauber" vergleichen.

7 Und dann wuchs Wald darüber

Stadtwüstung Blankenrode

Über Jahrhunderte hatten die Einwohner in ihren Siedlungen gelebt, um sie dann jählings aufzugeben. Ganze Orte samt ihrer Fluren fielen wüst und wurden zu Geisterdörfern, die sich die Natur zurückeroberte. Selten teilte auch eine Stadt dieses Schicksal. Die Stadtwüstung Blankenrode ist daher eine der spannendsten archäologischen Fundstellen des Landes.

Dass Menschen ihre Siedlungen aufgeben, die sie meist unter beschwerlichen Umständen der Natur abgerungen hatten, kam immer wieder vor. Gründe dafür gab es reichlich, von Naturkatastrophen über Hungersnöte bis hin zu Kriegen. Allein im Raum Westfalen-Lippe konnten bisher rund 300 mittelalterliche Ortswüstungen lokalisiert werden, die zum überwiegenden Teil im 14. Jahrhundert verlassen worden waren. Zunächst lockten die neu gegründeten und gedeihenden Städte die Abwanderer. Um sich in ihrer Erfolg versprechenden Nähe niederzulassen, gaben zahllose Familien ihre einsam und abgelegenen Wohnstätten auf. Zudem brachten ungünstige Wetterverhältnisse die Menschen in Bedrängnis, gefolgt von Missernten und Hungersnöten. In der Mitte des 14. Jahrhunderts sorgte die eingeschleppte Pest in mehreren Wellen für einen verheerenden Bevölkerungsrückgang, die Agrarkrise verschärfte sich, abermals zogen die Leute fort. Und schließlich kam das ausufernde Fehdewesen hinzu, dem die ostwestfälische Landbevölkerung vielerorts durch Migration in entfernte Städte zu entkommen suchte und an dem auch Blankenrode zugrunde ging.

Ein Wächter „berichtet" vom Untergang der Stadt.

Um den Einflussbereich des Grafen von Waldeck einzudämmen, ließ der Fürstbischof von Paderborn um 1250 südlich der Domstadt eine Grenzfestung errichten. Auf einem Plateau der Egge entstand eine von tiefen Gräben und hohen Wällen umgebene Rundburg, die fortan die Umgebung beherrschte und eine hier verlaufende Handelsroute kontrollierte. Unterhalb der Burg schloss

Bis heute sind die mächtigen Verteidigungswälle der einstigen Grenzstadt zu erkennen.

sich eine ebenfalls von Gräben, Wällen und Mauern geschützte fast 14 Hektar große Siedlung an, die zudem mit Stadtrechten ausgestattet war. Ein Mittelgraben mit beiderseitigen Wällen teilte das gesamte Gemeinwesen in zwei Areale. In dem einen lebten die Ackerbürger und Handwerker, in dem anderen die Ritter und Burgmannen, während der Burgvogt auf der befestigten Berghöhe weilte. Knapp einhundertfünfzig Jahre lang wurde in Blankenrode gelebt, gearbeitet und gekämpft, bis die Stadt schließlich um 1390 in den Kriegswirren der Bengeler Fehde vollständig niedergebrannt und aufgegeben wurde. Heute zeugen nur noch überwucherte Überreste der Verteidigungsanlagen von der einstigen Existenz der Grenzstadt, die häufig als „prägnanteste Stadtwüstung Mitteleuropas" bezeichnet wird.

Längst haben die Bäume des Hardehauser Waldes das Regiment übernommen. Stille herrscht dort, wo vor über 600 Jahren eine mittelalterliche Stadt in betriebsamer Geschäftigkeit pulsierte. Doch was ist das? Harfenmusik, der Klang einer Flöte, das Hämmern eines Schmiedes? Mitten im Wald ist plötzlich putzmunteres Marktgeschrei zu hören, und dort, da klackern doch eilig Holzschuhe über gepflasterte Gassen, Pferdehufe klappern, ein Alarmhorn tutet … Seit Kurzem ist Blankenrode ein „Hörmuseum", das an verschiedenen Stationen zur akustischen Zeitreise einlädt.

8 Farbenrausch mit Stiel und Stil
Der Gräfliche Park Bad Driburg

Ende März wird es wuselig in den adeligen Rabatten von Bad Driburg. Wenn erst alle rund 60.000 Teilnehmer erwacht sind, ihre Köpfe brav erhoben und auch Stiel und Blatt in Position gebracht haben, dann geht er los, der ostwestfälische Farbenrausch. Die Tulpenschau ist nur die erste Welle im Blütenmeer des Gräflichen Parks von Bad Driburg.

Nach der prächtig blühenden Vorhut – Black Parrot, Green Star und Acuminata zählen zu den eindeutigen Favoritinnen – geben auch die über 120.000 Zwiebeln aus dem vergangenen Jahr alles und erobern die Beete mit Hyazinthen, Krokussen und weiteren knallbunten Blüten. Insgesamt erfreuen 280 verschiedene Sorten in den unterschiedlichsten Farben das Auge des Betrachters. Und weil einige Gewächse mit der Zeit ihre Farbe wechseln, lohnt sich auch ein zweiter Besuch.

Ohnehin bietet der 65 Hektar große englische Landschaftspark ein eindrucksvolles Flora-Programm, in dem man tagelang schwelgen könnte. Geschwungene Wege führen durch Beete und Rasenflächen, an einigen Kilometern Hecke vorbei bis zu 300 Jahre alten Bäumen und in verschiedene Themengärten, wo Rosen, Lilien oder Rhododendron das Sagen haben. Ferner lassen sich im Park die Arbeiten von international renommierten Naturdesignern entdecken. Ein Highlight ist der Piet-Oudorf-Garten, für den der niederländische Landschafts-Stararchitekt Zehntausende aufeinander abgestimmte Gräser und Stauden setzen ließ.

All diese Pracht hat ihren Ursprung in einer doppelreihigen Lindenallee, die der Paderborner Bischof im Jahr 1669 zur Driburger Heilwasserquelle anlegen ließ. Über einhundert Jahre später erwarb Kaspar Heinrich Freiherr von Sierstorpff das Gelände. Der naturverbundene Staatsmann und „Erfinder" der Forstwissenschaft begründete damit 1784 den Driburger Kurbetrieb. Gleichzeitig entwarf er nach verschiedenen Vorbildern eine künstlich angelegte Parklandschaft, in der Kurgäste über verschlungene Pfade flanieren konnten.

Das traf den Nerv der Zeit und ein seinerzeit angesagtes Luxus-Journal pries Driburg als „Ort der Ruhe und des ländlichen Vergnügens". Der Gräfliche Park wurde hipp und lockte neben den üblichen oberen Zehntausend auch prominente Poeten und Literaten. Der Romantiker Friedrich Hölderlin soll hier, bis über beide Ohren verliebt, die glücklichsten Wochen seines Lebens verbracht haben. Bis zum Ende des 19. Jahrhunderts wuchs der Park auf seine heutige Größe heran und bot zahllosen Gästen ein fast natürliches Wellness-Erlebnis. Mittlerweile wurde er mehrfach unter die zehn schönsten Gärten Deutschlands gewählt und mit internationalen Auszeichnungen bedacht. Ein ostwestfälischer Farbenrausch mit Stiel und Stil, den man sich gönnen darf.

Blick vom Kaiser-Karls-Turm auf Bad Driburg mit dem Gräflichen Park.

9 Ein wenig Italien und ein falscher Himmel
Die Jesuitenkirche in Büren

In der Luft liegt ein Duft von Pizza und Cappuccino, der Blick schweift über das Kopfsteinpflaster hinüber zu einer aufwendig gestalteten Fassade mit weiten Volutenbögen und Säulen. Überlebensgroße Heiligenfiguren schauen herab, lateinische Inschriften prangen im Sonnenlicht – ja, auch im tiefsten Ostwestfalen kann es sich ein bisschen wie in Italien anfühlen: die Jesuitenkirche in Büren.

Schon bevor Dietrich von Fürstenberg 1585 den Bischofsstuhl zu Paderborn bestieg, hatte er begonnen, das Karussell der Konfessionen erneut in Schwung zu bringen. Um seine ostwestfälischen Schäfchen aus den Fängen der „calvinistischen Wölfe" zu befreien, rief er den erst wenige Jahrzehnte zuvor gegründeten Jesuitenorden herbei. Ohne abgrenzende Klostermauern und verbindliche Ordenstracht, dafür mit hervorragenden Lehr- und Erziehungsmethoden sowie beeindruckender Architektur wurden die Ordensmänner binnen weniger Jahre zum Motor der Rekatholisierung und der katholischen Reform, zunächst in Paderborn, dann auch im Umland. Ihren denkwürdigsten Coup landete die Societas Jesu in dem kleinen Landstädtchen Büren, wo es ihnen 1613 gelang, das bedeutendste Adelsgeschlecht im Paderborner Land zum Übertritt zum katholischen Glauben zu bewegen. Das hatte Signalwirkung auf die übrigen Adelsfamilien. Mit dem Eintritt des letzten Edelherrn von Büren in den Orden 1644 sowie der testamentarischen Übertragung seines Erbes auf den Orden war die Rekatholisierung schließlich gefestigt. Auf dieser Grundlage konnten die Jesuiten in Büren eine erste Niederlassung gründen. Dennoch folgte ein mehrere Jahrzehnte währendes Ringen um das hinterlassene Vermögen und die Ländereien, sodass der Orden nach zahllosen Prozessen erst 1714 in den faktischen Besitz der Herrschaft gelangte, 53 Jahre nach dem Tod des Stifters.

Gemäß dessen letztem Willen errichteten die Jesuiten an der Stelle der früheren Burg eine prächtige Studienanstalt. Das dreiflüglige schlossartige Jesuitenkolleg wurde nach neunjähriger Bauzeit im Jahr 1728 fertiggestellt. Die Errichtung einer Kirche, so die zweite Bedingung des edlen Stifters, konnte erst 1771 vollendet werden. „Maria Immaculata" bildete den markanten Höhepunkt jesuitischen Tatendrangs in Büren – nicht weniger als einer der bedeutendsten Barockbauten Westfalens und eine der üppigsten Kirchen nördlich des Mains war entstanden. Hinter der imposanten Westfassade öffnet sich ein dreischiffiger Zentralbau, dessen prunkvolle Ausstattung ganz vom Charakter der Gegenreformation geprägt ist. Stuckdekorationen in Rokokoformen, Vergoldungen, Marmor, plastische Putten, Skulpturen und Statuen überwältigen das Auge und entsprechen ganz dem Motto des Ordens „Alles zu größerer Ehre Gottes". Auch zahlreiche Fresken, die

In der Kuppel der Kirche öffnet sich der „Westfälische Himmel".

in warmen Pastelltönen wichtige Momente aus dem Leben der Kirchenpatronin zeigen, wollen die Besucher beeindrucken und davon überzeugen, dass sämtliche Aussagen der Bibel richtig sind. Und tatsächlich wirken die perspektivischen Deckenbilder so, als schaue man direkt in den Himmel, aus dem Segen spendende Engel auf die Betrachtenden herabschweben. Den Jesuiten selbst hat der simulierte Himmel nur wenig Segen gebracht; ihr Orden, den man im Zusammenhang mit den wildesten Verschwörungstheorien wähnte, wurde 1773 aufgehoben. Doch die Kirche mit dem „Westfälischen Himmel" vermag noch heute zu begeistern.

10 Willems weiter Blick
Das Kaiser-Wilhelm-Denkmal

So viel Aufmerksamkeit war dem alten „Willem", der hoch oben über dem Weserdurchbruch wacht, schon lange nicht mehr zugekommen. Doch als ihm jüngst Industriekletterer zu Leibe rückten, um ihm mit Hochdruck eine Dusche zu verpassen, schaute alle Welt auf eines der bedeutendsten Wahrzeichen Ostwestfalens: das Kaiser-Wilhelm-Denkmal hoch über der Westfälischen Pforte.

Seit jener spektakulären Putzaktion strahlt er wieder, der „Willem". Sein ihn beschirmender Baldachin mit Kaiserkrone glänzt wie damals, als man mit dem Denkmal die nationale Einigung des Deutschen Reiches pries. Zur „Festigung der Nation" wollte auch die preußische Provinz Westfalen ihren Anteil leisten und beschloss daher kurz nach dem Verscheiden von Kaiser Wilhelm I. (1797–1888), dem Einigungsmonarchen ein Ehrenmal zu spendieren. Zwischen 1892 und 1896 entstand nach den Plänen des seinerzeit sehr gefragten Architekten Bruno Schmitz – der mit dem Kyffhäuser- und dem Völkerschlachtdenkmal reichlichen Ruhm erntete – auf den Höhen des Wittekindberges bei Porta Westfalica eine bis heute beeindruckende Denkmalanlage. Über einer weitläufigen Plattform erhebt sich ein 88 Meter hoher Kuppelbau, dessen 50 Meter hoher Baldachin auf sechs eckigen Säulen ruht. Darunter posiert die sieben Meter hohe Bronzefigur des Kaisers, gefertigt von Bildhauer Caspar von Zumbusch aus Wien, dessen Wiege einst im ostwestfälischen Herzebrock stand. Den rechten Arm grüßend oder segnend erhoben, nimmt die barhäuptige Hoheit huldvoll die Ehrerbietung des ihm zu Füßen liegenden Westfalenlandes entgegen.

Ebenso imponierend wie das im „Zyklopenstil" errichtete Monument selbst geriet auch die Einweihungsfeier, zu der sich Kaiser Wilhelm II. samt Frau und Entourage am 18. Oktober 1896 höchstselbst einfand. Pünktlich um 14 Uhr traf der Sonderzug im Mindener Bahnhof ein, von wo aus es mit der Kutsche zur Porta ging. Fast 20.000 Menschen nahmen an dem aufwendig inszenierten Spektakel teil. Preußisch durchorganisiert und wohlgeordnet, bildeten die Winkenden an der geschmückten Strecke ein durchgehendes Spalier. Umgeben von einem Meer aus Fahnen und jubelnden Massen gelangte der Festzug zum Denkmal. Es folgten Ehrenformationen, Hymnen und 33 Salutschüsse – der Kaiser war hin und weg. Daher war auch seine Einweihungsrede voll des Lobes, er pries die „Treue und Anhänglichkeit des biederen Stammes der Westfalen". Abschließend hob er sein Glas auf „die Provinz Westfalen: Hurra!". Das Festessen im neu errichteten Saal des „Hotels Kaiserhof" mussten die 370 geladenen Gäste jedoch ohne Seine Majestät einnehmen. Diese ließ sich von einer Büste vertreten. Das Denkmal allerdings

Meilenstein, Highlight, Monument – das Kaiserdenkmal über der westfälischen Pforte.

entwickelte sich zu einem landesweit bekannten Touristenmagneten.

Nach umfangreichen Rekonstruktions-, Renovierungs- und Reinigungsarbeiten erstrahlt das zweithöchste Denkmal Deutschlands wieder in altem Glanz. Zudem erlaubt das neue Besucherzentrum seit Sommer 2018 spannende Einblicke in die wechselvolle Vergangenheit der Region und des Monuments. Der „Willem“ ist wahrlich ein historischer Meilenstein – mit kaiserlichem Weitblick.

11 Experimentelle Stadtbaukunst
Das Projekt Sennestadt

Not macht erfinderisch. Und die Not war ziemlich groß, damals in den frühen 1950er-Jahren. Bielefeld war voller Menschen, Baracken und Notunterkünfte platzten aus allen Nähten und noch immer kamen mehr Vertriebene, Fliehende, Heimkehrende. Wohnraum musste her, am besten gleich eine ganze neue Stadt. Mitten in der angeblichen Provinz wagte man ein Experiment: das Projekt Sennestadt.

Da in der Kernstadt Bielefeld nur wenig Bauland zur Verfügung stand, fasste man die nur wenig besiedelte Sennelandschaft weit vor den Toren ins Auge. Dort, auf den sandigen, ertragsarmen Böden der kleinen Gemeinde Senne II sollte sie entstehen: eine Großsiedlung mit 3.400 Wohnungen für rund 11.000 Menschen. Ein Planungswettbewerb wurde ausgerufen, aus dem Prof. Dr. Hans Bernhard Reichow 1954 als Sieger hervorging. Reichow hatte sich mit einem völlig neuen und daher gewagten Stadtkonzept gegen 23 andere Bewerber durchgesetzt. Das Experiment konnte beginnen, 111 Architekten und 16 Trägerschaften gingen ans Werk, um auf vier Millionen Quadratmetern Land eine neue Stadtlandschaft zu errichten. Alles wurde bis ins Detail geplant, das Material der Häuser ebenso wie die Farbe der Fassaden, der Eindruck der Silhouette ebenso wie die Lage der Terrassen und die Entfernung zum nächsten Kaufladen. Nichts wurde dem Zufall überlassen, weder die Straßenführung noch deren Beleuchtung oder die konsequente Mischung der Bauformen. Vor allem aber hatte Reichow die „vierte Dimension", den Lebensrhythmus der zukünftigen Bewohner, ihre Verhaltensweisen und Bedürfnisse, in seine Pläne einbezogen. Es wurde ein völlig neues, organisch geführtes Verkehrssystem entwickelt, mit Vorrechten für Fußgänger sowie „sanft einschwingenden Kurven" statt Kreuzungen und Ampeln.

So etwas hatte man noch nicht gesehen – und schon wurden die despektierlichen Stimmen lauter, die die „Retortenstadt" als Fiasko abtaten. Doch am 28. Juli 1958, fast genau zwei Jahre nach Baubeginn, konnte die erste Familie ihre Wohnung am Heimweg beziehen – das Experiment war geglückt. Mehr noch, die „Stadt vom Reißbrett" stieß international auf viel Interesse und wurde als Musterbeispiel deutscher Städteplanung gefeiert. 1965 verlieh man der ersten westdeutschen Stadtneugründung nach 1945 die Stadtrechte. Dank der von Reichow propagierten „organischen Stadtbaukunst" entging Sennestadt dem ruinösen Schicksal anderer moderner Vorstadtsiedlungen und entwickelte sich mit inzwischen über 21.000 Einwohnern zu einem lebendigen Stadtbezirk von Bielefeld. Und wer es nicht glauben kann: der Sennestadtverein bietet überaus lebendige Führungen zu diesem ostwestfälischen Experiment an.

In Rekordzeit von Reißbrett und Modell (oben 1956) zur Realität (unten 1962): Sennestadt.

12 Eine Stadt steht Kopf
Der Heilige Liborius

Ein Bischof, der auf seiner Bibel ein paar Steinchen balanciert – in Paderborn findet sich dieses Bild nahezu an jeder Ecke. Und alljährlich gegen Ende Juli gibt der Dargestellte Anlass für die größte Sause Ostwestfalens, die rund 1,5 Millionen Besucher anlockt. Mit Fassanstich und Böllerschüssen beginnt eine der ältesten Kirmesfeiern des Landes: das neuntägige Liborifest.

Viel weiß man nicht über den Initiator dieses einmaligen Kirchen-, Kirmes- und Kulturfestes an der Pader. Liborius entstammte wohl einem vornehmen Geschlecht in der römischen Provinz Gallien, wo er im 4. Jahrhundert als Bischof von Le Mans wirkte. Als er um das Jahr 400 starb, soll ihn sein Freund, der Bischof und Heilige Martin von Tours, zur letzten Ruhe begleitet haben. Nur wenig später ereigneten sich an diesem Grab diverse Wunderheilungen, weshalb Liborius in der Stadt schon frühzeitig als Heiliger verehrt wurde. Bis heute wird er als Fürbitter und Helfer bei Nieren-, Blasen- und Gallensteinen angerufen.

Etwa vier Jahrhunderte später sann Badurad, der damalige Bischof von Paderborn, darüber nach, wie es ihm gelingen könne, den noch ungefestigten christlichen Glauben in seinem jungen Bistum zu ertüchtigen. Die Reliquien eines Heiligen könnten, wie es seinerzeit auch anderswo Usus war, hilfreich sein. Und so geschah es im Jahr 836, dass die Gebeine des Liborius aus dem französischen Le Mans nach Paderborn überführt wurden. Nach vierwöchiger Reise, während der allerlei Zeichen und Wunder geschahen, langte die Prozession unter großem Jubel an. Man schrieb den 28. Mai 836, ein Pfingstsonntag, als sich nach einer Legende der vorausfliegende Pfau auf der Spitze des Paderborner Domes niederließ und nach Erfüllung seines himmlischen Auftrags starb. Die Gebeine des Heiligen fanden ihren Platz in der Krypta der Bischofskirche, von wo aus sie der Stadt göttliche Obhut und weltlichen Wohlstand durch Pilger gewährten.

Allerdings sollte der weit gereiste Liborius auch hier nicht wirklich seine letzte Ruhe finden. Alljährlich, wenn das weltliche Volk sich aufmacht, die Kirmes auf dem Liboriberg und den Pottmarkt rings um den Dom zu erobern, wird auch Liborius mit einem Tusch erhoben. Dann wird sein kostbarer Schrein in feierlicher Prozession von uniformierten Trägern durch die Menschenmenge zum historischen Rathaus getragen und anschließend für drei Tage im Dom aufgestellt, bevor er wieder in die abgeschiedene Stille der Krypta zurückkehren darf.

Neben der weltlichen Kirmes und der kirchlichen Verehrung eines Heiligen wird das Liborifest heute auch als eine Zusammenkunft der Weltkirche und Ausdruck des europäischen Gedankens verstanden. Denn nicht zuletzt wurde mit der Überführung der Reliquien zwischen den Kirchen Le Mans und Paderborn

Erst eine Fahrt mit dem Riesenrad offenbart, wie groß und gründlich Ostwestfalen seinen Liborius feiert.

ein „Liebesbund ewiger Bruderschaft“ geschlossen, nichts weniger als die älteste noch existierende Städtefreundschaft der Welt. Und damit nicht genug, feiern die Paderborner im Oktober eine Woche lang das Fest „Herbstlibori“, das auf den Raub und die Wiederkehr der Liboriusreliquien während des Dreißigjährigen Krieges zurückgeht. Mancher Heilige kommt wahrlich viel herum.

13 Visionen frommer Damen
Die Marienwallfahrt Herford

„Wer keine Visionen hat", meinte US-Präsident Wilson einmal, „vermag weder große Hoffnungen zu erfüllen, noch große Vorhaben zu verwirklichen." Das sahen die Herforder Stiftsdamen ähnlich und errichteten am Ort der Herforder Vision eine Kirche, die die Stadt zum verheißungsvollen Wallfahrtsort und sie selbst noch einflussreicher machte.

Dabei hatten die gottgefälligen Damen von Herford seit der Gründung ihres Stifts im Jahr 789 schon einiges geleistet. Nicht nur, dass sie das fromme Haus um 819 strategisch günstig an die Werre verlegt hatten, sie erwarben auch das Wohlwollen von Kaiser Ludwig dem Frommen, der die Adelstöchter unter seinen persönlichen Schutz stellte und das Kloster zum Reichsstift erhob. Die Gunst des Kaisers und die Gunst der Lage am Schnittpunkt wichtiger Handelswege sorgten dafür, dass sich Herford zu einer der bedeutendsten Fürstabteien des Reiches entwickelte. Mit dem Markt-, Münz- und Zollrecht von 840, einem der ältesten Privilegien überhaupt, und den Gebeinen der Heiligen Pusinna gediehen Stift und Siedlung prächtig.

Das fanden auch die Ungarn, die mehrfach einfielen und nur rauchende Trümmer hinterließen. Doch dank des guten Drahts zum Kaiserhaus – Mathilde, die erste First Lady Deutschlands, Ehefrau von Herzog bzw. König Heinrich I. und Stammmutter der Ottonen, dem ersten deutschen Königshaus, war schließlich hier erzogen worden – ging die Wiederherstellung rasch vonstatten.

Irgendwann in dieser aufregenden Zeit zwischen 958 und 1011 erschien einem Schäfer, als er gerade auf dem Luttenberg ein Nickerchen hielt, die Jungfrau Maria in einem strahlenden Lichtermeer. Ihr Bescheid an die Herforder Nonnen war mehr als deutlich: Erstens weniger Prachtentfaltung, dafür strengere Einhaltung der Ordensregeln; zweitens eine Gedenkstätte am Ort ihres Erscheinens, das der Schäfer mit einem Astkreuz markieren sollte. Zwar wollten die Nonnen dem armen Tropf seine Vision zunächst nicht abnehmen, aber nach diversen Wasser- und Feuerproben folgten sie ihm zu jener Stätte, wo sich im rechten Augenblick eine weiße Taube auf dem ausschlagenden Holzkreuz niederließ. Da die Heilige Maria in jenen Tagen sehr selten erschien – ihr Auftauchen in

Ein Relief zeigt die Herforder Vision.

Vision wird Tatsache: die Marienkirche auf dem Herforder Stiftsberg.

Herford wird sogar als älteste Erscheinung nördlich der Alpen gewertet –, reagierten die Nonnen geschwind und gründeten just an jener Stelle das Marienstift auf dem Berge. Auf diese Weise ging das Mutterkloster erneuert und gefestigt und vom König in allen Rechten bestätigt aus der Krise hervor. Oder wollten die frommen Damen mit diesem neuen Gründungsakt lediglich ihr Erbe behüten? Wir wissen es nicht. Aber siehe, das kleine Stift auf dem Berg zog schon bald Wallfahrer von nah und fern an, die für Gebete, Heilung und Hoffnung den Opferstock reichlich mit Münzen, Geschenken und Stiftungen fütterten.

Mit der um 1350 vollendeten Marienkirche auf dem Stiftberg wurde die Vision schließlich zur steinernen Realität. Besonders der Hochaltar mit dem Steintabernakel, der die Reliquie des Baumstumpfes umfasst, auf dem einst jene weiße Taube gelandet war, ist wohl Bestätigung genug dafür, dass sich mit Visionen große Vorhaben verwirklichen lassen. Unter dem Krummstab der Äbtissinnen florierten sowohl Stadt als auch „Sancta Herfordia“, das Heilige Herford, in dem sich gegen Ende des 15. Jahrhunderts fast vierzig kirchliche Einrichtungen nachweisen lassen. Und aus der Wallfahrt zum Berg entstand ein jährlicher Markt, die spätere Visions-Kirmes, zu der die Menschen bis 2010 in Scharen pilgerten. Und es gibt erneut Visionäre in Herford, die darauf hoffen, diese alte Kirmestradition wieder aufleben zu lassen.

14 Sound aus Jahrhunderten
Die Barockorgel von Borgentreich

Man muss weder eine Springlade von einer Schleiflade unterscheiden können noch sich mit Trakturen und dem Rückpositiv auskennen – wer die Orgel der St.-Johannes-Baptist-Kirche zu Borgentreich erblickt, kommt aus dem Staunen nicht heraus. Und die Fachwelt ist sich einig, sie ist ein Meilenstein der europäischen Musikgeschichte.

Die Orgel wurde ursprünglich für das Kloster Dalheim gebaut. Vermutlich entstand sie schon vor 1600 mit Bauteilen einer älteren Orgel und gilt damit als ein echtes Renaissance-Instrument. In den folgenden Jahrhunderten machten sich verschiedene Orgelbauer an dem großen Blasinstrument zu schaffen, um es nach neuester Mode umzugestalten, zu erweitern oder zu reparieren. Und die meisten dieser Veränderungen haben hinter der Fassade ihre Spuren hinterlassen, sodass die Geschichte von der einmanualigen Renaissance- bis zur opulenten Barockorgel bewahrt blieb. Mehr als zwei Drittel der Pfeifen und der überwiegende Teil des reich verzierten Gehäuses sind erhalten geblieben.

1803 wurde das Kloster Dalheim per Kabinettsorder des preußischen Königs aufgelöst. Sogleich sandte man Beamte aus, die das gesamte Inventar versteigern sollten. Der Borgentreicher Bürgermeister nutzte die Gunst der Stunde und erwarb die Orgel für die Pfarrkirche seiner Stadt. Mithilfe der Bürger wurde das Instrument abgebaut, auf 32 Wagen geladen, abtransportiert und in dem kleinen Gotteshaus wieder aufgebaut. Inklusive Wegegeld, Beleuchtung und Branntwein für alle Helfer beliefen sich die Kosten dieser „Rettungsaktion" auf genau 798 Reichstaler und 20 Silbergroschen – keine kleine Summe, die dem Bürgermeister jede Menge Ärger einbrachte, jedoch die Orgel rettete. In der neuen Kirche St. Johannes Baptist fand sie 1836 ihre endgültige Heimat. Hier konnte sie in veränderter Form, aber in alter Pracht wieder aufgebaut werden.

Weitere 180 Jahre später – ihre Bedeutung als hochrangige Denkmalorgel war unter den Experten längst unbestritten – einigte man sich auf eine grundlegende Renovierung. Nach über sechsjähriger Präzisionsarbeit präsentiert sich der Traum vieler Organisten seit 2011 wieder in seiner „natürlich" gewachsenen Beschaffenheit und bietet den Zuhörern den Sound vergangener Jahrhunderte. Und wenn echte Könner am Spieltisch Platz nehmen, die es verstehen, dem gewaltigen, hoch aufragenden Instrument wohlklingende Töne zu entlocken, bedarf es vollen Körpereinsatzes. Denn es braucht Hände und Füße, um mittels zahlloser Knöpfe, Tasten und Pedale aus Windladen, Bälgen, etwa 45 Registern und über 3.000 Pfeifen Musik hervorzuzaubern. Es ist jedes Mal ein beeindruckendes Erlebnis.

Wie es funktioniert, wie eine „Königin der Instrumente" aufgebaut und wie Pfeifen hergestellt werden, kann man unweit im ersten deutschen Orgelmuseum erfahren. Gegenüber der Kirche wurde es 1980 im

In Borgentreich hat die größte historische Orgel Westfalens ihre Heimat.

ehemaligen Rathaus von Borgentreich eingerichtet und seither ständig aktualisiert. In dem weithin einzigartigen Museum können Besucher einmal sämtliche Register ziehen, alle Klaviaturen bespielen und sich an vielen beweglichen Modellen die faszinierende Technik und das Geheimnis ihres Klangs erläutern lassen.

Die Barockorgel von Borgentreich ist tatsächlich die größte historische Orgel von ganz Westfalen, vermutlich sogar die größte Springladen-Orgel der Welt und nach wie vor ein „absolutes Unikum". Orgelprofis sind sich daher einig, dass dieses Exemplar durchaus das Zeug zum Nationaldenkmal hat.

15 Eine Krux mit Tradition
Die Kreuztracht von Delbrück

In Delbrück kann es durchaus ein wenig schräg zugehen. Das lässt zumindest der schiefste Kirchturm Ostwestfalens schon von Weitem vermuten. Wirklich schräg – im Sinne von ungewöhnlich – geht es hier jährlich am Karfreitag zu, wenn Tausende Zuschauer eine maskierte Gestalt anfeuern, die sich mit schweren Balken beladen durch die Stadt schleppt: die Kreuztracht.

Neben Karneval und Katharinenmarkt ist die Kreuztracht am Karfreitag das dritte große „K" im Veranstaltungskalender Delbrücks. Im Mittelpunkt des Interesses steht seit rund 350 Jahren ein anonymer Jesus-Darsteller, der ein dreißig Kilogramm schweres Balkenkreuz vom historischen Kirchplatz quer durch die Stadt bis hin zur Kreuzkapelle trägt. Er und die helfende Figur Simon von Zyrene werden dabei von Messdienern begleitet, die Dornenkrone, Geißel, Nägel und ähnliche Marterwerkzeuge mit sich führen. Tausende Pilger aus nah und fern folgen der Prozession zu den sieben Fußfällen und schließlich hinauf zur Kreuzkapelle. An den Kreuzwegstationen beten sie dreimal lauter werdend: „O Crux, ave spes unica" (O Kreuz, sei gegrüßt, du einzige Hoffnung).

Die Delbrücker Kreuztracht geht auf das Jahr 1671 zurück, als dem katholisch ambitionierten Fürstbischof Ferdinand II. von Fürstenberg die glänzende Idee kam, ein altes Kreuz von 1496 öffnen zu lassen. Und welch göttliches Zeichen: In seinem Inneren fand sich ein winziger Partikel vom wahren Kreuz, von jenem Marterinstrument, welches Jesus einst „hinaus zur sogenannten Schädelhöhe, die auf Hebräisch Golgota heißt" (Joh 19,17), trug. Die kostbare Reliquie fand sich gerade rechtzeitig – welch ein Zufall –, um die Jesuiten wunderkräftig in der Gegenreformation zu unterstützen. 1674 führten sie nach römischem Vorbild die erste Karfreitagsprozession durch. Und tatsächlich ließen die ersten Heilungswunder nicht lange auf sich warten.

Bis heute ist die Kreuztracht, die auch in einigen anderen westfälischen Orten stattfindet, der Höhepunkt der Kreuzesverehrung und lebendiger Ausdruck des tief verwurzelten christlichen Glaubens. Alle Jahre wieder stellt man sich in Delbrück die Frage, wer denn wohl der maskierte Jesus-Darsteller ist. Ein reuiger Sünder, der die Krux auf sich nimmt? Oder ein dankbarer Gläubiger? Etwa ein hoher Würdenträger oder gar ein Straftäter? Wer auch immer schleppen darf, unterm schiefen Kirchturm ist das Kreuz keine Krux.

Seit 350 Jahren das erlösende Ziel der Kreuztracht: die Kreuzkapelle. ▸

Im · Kreuz · ist · Heil

16 Manche mögen's bunter
Karneval in Ostwestfalen

Die Mentalität der Ostwestfalen? Bodenständig und wortkarg, mürrisch und humorlos, manchmal einfach nur stur – so das gängige Klischee. Außerdem regnet es ständig. Zugegeben, vielleicht brennt man nicht für jede Narrenkappe gleich ein emotionales Feuerwerk ab, doch Karneval mit Kostüm und Kamelle beherrschen die Leute hier aus Tradition.

Ja, auch mancher Ostwestfale schaut während der jecken „fünften Jahreszeit" ein wenig befremdet gen Westen, wenn sich schunkelnde Heerscharen mit „Helau" und „Alaaf" in den Armen liegen – und wendet sich dann bodenständig wieder dem karnevalistischen Treiben vor der eigenen Haustüre zu. Zum Beispiel in Paderborn, wo sich unter „Hasi Palau"-Rufen einer der größten Karnevalsumzüge der Region durch die Innenstadt windet. In den Urkunden der Domstadt werden bereits im Jahr 1567 ein Bischofsspiel der Jugend und ein Umzug als Brauch zur Fastnacht erwähnt. Auch in Delbrück, wo der große Rosenmontagszug mit „He, geck, geck" begleitet wird, blickt man auf eine lange Tradition zurück. Stolz verweisen die Jecken auf ihre „Eintracht von 1832", den ältesten Narrenverein im Bund Westfälischer Karneval. „Knolli Knolli Schabau" heißt es in Scharmede; „Verner Au Helau" in Salzkotten-Verne, während man es in Steinheim, der „heimlichen Hauptstadt des Karnevals in OWL", schon seit etwa 1894 so richtig krachen lässt. Wenn „Steinheim – Man teou!" durch die Straßen dröhnt, dann stehen etwa 25.000 Menschen am Straßenrand, dreimal so viele, wie in der Kernstadt wohnen. Einen Höhepunkt der Session bildet die Verleihung des Bumerangordens für absonderliche Vorkommnisse, der vom Bumerangordensträgerelferratsschattenkabinett (!) vergeben wird.

Durch Rietberg wird der Rosenmontagsumzug spätestens seit 1881 geführt und hat sich zu einem traditionsreichen Höhepunkt im Jahreslauf etabliert, zu dem die aktive Narrenschaft in über 100 prächtigen Wagen und Fußgruppen unterwegs ist und etwa 50.000 Besucher zum Schunkeln animiert. Nicht zu vergessen der Altweiberzug am Donnerstag zuvor, wenn mehr als 2.000 kostümierte „Weiber" den historischen Stadtkern erobern. Weiberfastnacht, dieser Tag, an dem die Männer tun müssen, was die Frauen wollen, und ihre Schlipse und Schnürbänder einbüßen, bildet für viele das Highlight im Karnevalstreiben von Schloß Holte-Stukenbrok. Die Stadt wird seit 1959 von holden „Weibern" aus nah und fern gestürmt, die dann dafür sorgen, dass Kneipen, Säle und Festzelte alle Jahre wieder aus allen Nähten platzen …

Tatsächlich, in der „fünften Jahreszeit" sind die Ostwestfalen kaum zu bändigen. Von wegen stur! Zu Karneval bebt der geruhsame Teuto, da schwingt auch der Miesepeter das Tanzbein. Eigentlich gibt es in ganz Ostwestfalen nur eine einzige faschingsfreie Zone. Statt schunkelnder Pappnasen und wilder Partys

Zu Karneval zählen sonst beschauliche Orte häufig mehr Besucher als Einwohner.

läuten in Dalhausen, einem Stadtteil von Beverungen, die Kirchenglocken. Im 19. Jahrhundert war es immer wieder zu Ausbrüchen der Cholera gekommen, die bis zu ein Drittel der Bevölkerung dahinraffte, zuletzt 1868. Daher gelobten die Überlebenden: „Nimmermehr soll in der hiesigen Gemeinde in den Fastnachtstagen Tanzlustbarkeit stattfinden." Stattdessen wollte man der Opfer mit Stundengebeten gedenken. Und so hält man es seither. Doch Glück gehabt, in Ostwestfalen ist die nächste Karnevalsparty bestimmt nich weit wech.

17 Mit Kruzifix und Holzpantinen
Die Wiedenbrücker Schule

Gut betuchte Bürger und die Kirche waren schon immer darauf erpicht, sich von erstklassigen Handwerkern Haus und Halle einrichten zu lassen. In der ehemaligen Hansestadt Wiedenbrück gab es sogar so viele geschickte Kunsthandwerker, dass sie einen eigenen Kunstbegriff prägten: die Wiedenbrücker Schule.

Das handwerkliche und auch künstlerische Geschick der ostwestfälischen Handwerker lässt sich bereits seit dem ausgehenden Mittelalter belegen. Schon ein kleiner Spaziergang durch eine der alten Fachwerkstädte der Region gibt Gelegenheit, sich vom Œuvre des hiesigen Kunsthandwerks begeistern zu lassen, das sich vielfach in den verzierten Fassaden niederschlug. Auch das Antlitz von Wiedenbrück ist maßgeblich davon geprägt.

Hierher kehrte 1854 der Kunsttischler mit dem entzückenden Namen Franz Anton Goldkuhle zurück, nachdem er in Warendorf seine Lehre absolviert hatte. In seiner eigenen Werkstatt schnitzte er zunächst Holzschuhe und kleine Kruzifixe, wie sie seinerzeit unter der bäuerlichen Bevölkerung sehr beliebt waren. Goldkuhles Fertigkeiten sprachen sich rasch herum, sodass er alsbald anspruchsvollere Aufträge erhielt. Nachdem er den Hochaltar für die Kirche seiner Heimatstadt angefertigt hatte, konnte sich der Kunsttischler vor Aufträgen kaum retten und benötigte dringend Unterstützung. Bereits 1865 beschäftigte er daher in seiner Werkstatt etwa 25 Künstler und Kunsthandwerker, mit deren höchst vielfältigem Können er sich auf die Einrichtung von Kirchenräumen spezialisierte.

So entstanden hier bis in die 1930er-Jahre über 20 Werkstätten und Ateliers. Die Kunsttischler, Altarbauer und Bildhauer, Farb- und Ornamentgestalter, Maler, Kupferstecher und andere Spezialisten arbeiteten jedoch – und das war sowohl in der deutschen Wirtschafts- als auch Kunstgeschichte ein absolutes Novum – nicht nebeneinander, sondern kooperativ. Man war miteinander verknüpft und konnte die umfangreichen Aufträge, die zumeist von der Kirche kamen, perfekt untereinander aufteilen. Dieses Netzwerk von Handwerkern und Künstlern, dazu deren individuelle Entwürfe im historistischen Stil sowie die hervorragende Qualität formten schließlich den Begriff Wiedenbrücker Schule. Ein System mit Erfolg, der das Kunsthandwerk um 1900 zur bedeutendsten Branche der Stadt machte.

Und weil in jener Epoche viele Deutsche in die weite Welt zogen, wurden die Wiedenbrücker Werkstücke bald in ganz Europa, von Kanada bis Brasilien und von Südafrika bis Jerusalem und China geschätzt und geordert. Den Niedergang durch die Weltkriege überstanden nur wenige Werkstätten, die die Tradition jedoch bis heute fortführen. In einer ehemaligen Altarbauwerkstatt widmet man sich seit Ende 2008 dieser außergewöhnlichen Kunst- und Stadtgeschichte, die einst mit kleinen Kreuzen und derbem Schuhwerk ihren Anfang nahm.

Ein feines Museum widmet sich dem gefragten Kunsthandwerk aus Wiedenbrück.

18 Kult im Untergrund
Der Bunker Ulmenwall

Fest gemauert in der Erde und mit bis zu drei Meter dicken Betonwänden überstand der Luftschutzbunker am Rand der Bielefelder Innenstadt den Zweiten Weltkrieg unbeschadet. Umgeben vom Schutt der Vergangenheit wurde die widerstandsfähige Kriegsarchitektur rasch zum Symbol kultureller Zuversicht: der Bunker Ulmenwall.

Der um 1939 tief in den Bielefelder Untergrund getriebene Sanitätsbunker stellte nach dem Krieg ein unverrückbares Mahnmal der heftigen Bombardements dar, die auch die ostwestfälischen Städte auf das Heftigste heimgesucht hatten. Endlich zog Frieden ein, der Wiederaufbau begann, nur der kleine Bunker weigerte sich, seinen Platz zu räumen. Selbst mit Sprengladungen und Abrissbaggern war ihm einfach nicht beizukommen. Was sollte man tun? Praktisch veranlagt, wie Ostwestfalen nun einmal sind, ließen sie ihn einfach stehen und versuchten, das Kellergebäude irgendwie sinnvoll zu nutzen.

Kurzzeitig nahm ein kleiner pharmazeutischer Betrieb die Räumlichkeiten in Beschlag, bevor ab 1947 die ersten Jugendgruppen darin einen Unterschlupf fanden. Damit war die kriegstüchtige Karriere des Betonbaus beendet. Fortan diente er höchst friedlich als schalldichter Jugendtreff und bot einem weithin bekannten Puppentheater eine Bühne. Seine wahre Berufung erlebte das massive Untergrundgewölbe jedoch ab Mitte der 1950er-Jahre, als sich hier die Bielefelder Jazzszene einrichtete. Es begann mit den legendären „Jazzbandballs", die in der gesamten Region als Party-Geheimtipp erster Güte gehandelt wurden. An diesen Abenden wurde ausgelassen zu Dixieland- und Oldtime-Jazz getanzt, wobei die laute Musik von lokalen Bands oder einem Plattenaufleger zu Gehör gebracht wurde – die den Bunker zu einer der ältesten Jazz-Spielstätten Deutschlands machten. Regelmäßig ergänzten Clubabende mit Vorträgen und Diskussionen über Musiker, Stilrichtungen und neue Platten das Programm. Oberirdisch war man froh, dass die Spektakel der jungen Generation in „bombensicheren Räumen" stattfanden.

Nach einigen Umbauten öffnete der Bunker 1961 seine Pforten als Studentenclubheim, wobei jedoch ein Verbot des Alkoholausschanks für wochenlange Diskussionen sorgte. Nachdem die Thekenschränke wieder so gefüllt waren, wie es sich für einen „echten" Jazzkeller gehörte, erfuhr der Bunker mit seinen bemerkenswerten und vor allem erstrangigen Kulturveranstaltungen weithin Beachtung. Ausstellungen junger Künstler, Lesungen noch unentdeckter Autoren, sowohl Konzerte aufstrebender Liedermacher wie Hannes Wader und Reinhard Mey als auch Auftritte von Kabarettisten wie Dieter Hallervorden, Franz-Josef Degenhardt und Hans-Dieter Hüsch, die bald im ganzen Land vernommen wurden, gaben sich im Bunker das Mikrofon in die Hand.

Schlicht und preisgekrönt, unkonventionell und innovativ: die wichtigste Keimzelle für ostwestfälische Kultur.

Es war jene zeittypische bunte Mischung, die die kleine Kellerbühne für die Stadt so bedeutsam machte. Der Bunker war offen für das Neue, das Andere, das Unkonventionelle und bildete eine der wichtigsten Keimzellen für Bielefelds neue Kulturszene. Berühmtheit erlangte der Bunker als führender Jazzclub der Republik. Auf Augenhöhe mit den Besuchern, die von drei Seiten an die winzige Bühne drängten, dazu das niedrige Gewölbe – das fanden einige Jazzer aus New York wahrlich eine heiße Sache und bezeichneten die ostwestfälische Untergrund-Spielstätte treffend als „Toaster".

Nach ebenso vielen Höhen wie Tiefen glüht die kleine kultige Untergrundbühne bis heute. Sie versteht sich „als Forum des kulturellen Austausches, als Laboratorium für Neues", das erst kürzlich mit dem deutschen Spielstättenpreis, dem WDR-Jazzpreis und dem Bielefelder Kulturpreis ausgezeichnet wurde.

19 Sie kamen, bauten und gingen
Römerlager Anreppen

Im Mai 1968 war in Delbrück-Anreppen die Rübenernte in vollem Gange. Als man daran ging, die geernteten Runkeln am Ackerrand aufzuhäufen, kamen ein paar merkwürdige gelbliche Scherben zutage – und führten Archäologen direkt zu einem der wichtigsten frührömischen Bodendenkmäler in Deutschland.

Die unscheinbaren Fundstücke waren eindeutig römischen Ursprungs, etwa 2.000 Jahre alt und wiesen mit ihrem Fundort nahe der Lippe genau in die Zeit der Germanienfeldzüge des römischen Kaisers Augustus. 28 Jahre lang, von 12 v. Chr. bis 16 n. Chr., führte die Weltmacht Rom Krieg gegen die Germanen. Während dieser Zeit legten die ausgesandten Legionen vom Rhein kommend entlang der Lippe eine Kette verschiedener Militärlager an. Funde und Ausgrabungen hatten sie in Dorsten-Holsterhausen, in Haltern am See sowie in Bergkamen-Oberaden bestätigt. Doch von jenem Winterlager am Oberlauf der

Lippe, über das ein römischer Historiker zum Jahr 4 n. Chr. berichtet, fehlte seinerzeit noch jede Spur. Da die kampf- und bauerprobten Legionäre ihre Lager aus Holz und Erde bzw. in Fachwerktechnik errichteten, hinterließ der Zahn zweier Jahrtausende nur spärliche Hinweise auf ihre Anwesenheit. Doch die im Herbst 1968 begonnenen Ausgrabungen brachten bald die Gewissheit, dass sich unter den abgeernteten Rübenfeldern tatsächlich ein römisches Militärlager verbarg.

Es war im Winter 4/5 n. Chr. während der Feldzüge des späteren Kaisers Tiberius entstanden und wurde vermutlich nach dessen Abzug wieder geräumt. Die von breiten Gräben, massiven Holzpalisaden, Türmen und Toren umgebene Anlage erstreckt sich über eine ovale Fläche von rund 23 Hektar und beherbergte bis zu 6.000 Soldaten. Tief unter der ostwestfälischen Ackerkrume fanden die Altertumsforscher das, was die römischen Truppen einst achtlos ausrangiert hatten: zerbrochene Keramik, Kochgefäße, Nägel und Werkzeuge sowie Teile ihrer Ausrüstung. Dazwischen entdeckte man rund 400 Münzen, die eindeutig belegen, dass Anreppen zur Zeit der Varusschlacht im Jahr 9 nur noch aus Ruinen bestand. Noch tiefer im Boden konnten die Grundrisse eines ungewöhnlich großen Kommandeurspalastes mit Garten, von Wohnhäusern für hohe Würdenträger, von zahlreichen Kasernen mit zugehörigen Offiziershäusern sowie von einer regelrechten Stadt aus Magazinen und Speichern freigelegt werden. Die Menge des hier deponierten Getreides und sonstigen Materials übertraf den Bedarf einer militärischen Station bei Weitem, weshalb man vermutet, dass von Anreppen aus auch jene Truppen versorgt wurden, die noch sehr viel weiter nach Germanien vorgedrungen waren. Ein Meilenstein – einst für die Soldaten, heute für die Archäologen – war ein fast 1.000 Quadratmeter großes Badehaus mit Kalt-, Warm- und Heißbad, in dem die Kohorten ihrer Körperpflege nachkamen – einzigartig in den westfälischen Römerlagern. Um den heutigen Besuchern eine annähernde Vorstellung von den gewaltigen Dimensionen dieses kurzzeitigen Militärstützpunktes zu geben, wurden inzwischen zwei Verteidigungsgräben und Teile der Lagerstraßen rekonstruiert. Ein beschilderter Lehrpfad führt zu den untergegangenen Gebäuden und führt eindringlich vor Augen, welcher gewaltigen Macht die alten Germanen trotzten.

Nahe Delbrück lässt sich die Militärmacht der Römer erahnen.

20 Ein Löwe in Ostwestfalen
Papst- und Kaisertreffen in Paderborn

Dass Frankenkönig Karl am ersten Weihnachtstag des Jahres 800 vom Papst die Kaiserkrone aufs Haupt gesetzt bekam und die beiden damit die Weichen für eine neue europäische Ordnung stellten, ist manifest. Wieso, weshalb und warum das geschah, ist bis heute ein Rätsel. Wir wissen nur eines: Alles begann in Paderborn.

Eigentlich mochte Karl den Papst nicht. Zu Recht, denn Leo III. galt in weiten Kreisen als verhasster Betrüger und hinterhältiges Schlitzohr, den man jüngst auch noch des Ehebruchs verdächtigte. Nun begehrten auch die Verwandten und Vertrauten seines Vorgängers auf und erstrebten Leos Absetzung. Attentäter schlugen während einer Bittprozession im April 799 zu, stürzten ihn vom Pferd, versuchten, ihm Augen und Zunge zu verstümmeln, und verschleppten ihn in ein Kloster, aus dem er unter abenteuerlichen Umständen entkommen konnte. Der Fliehende nahm den Weg über die Alpen, um bei König Karl, der zugleich Schutzherr über Rom war, Beistand zu finden.

Der Franke aber war im Sommer 799 just wieder einmal auf dem Weg nach Sachsen, um die notorisch aufständische Region endgültig zu unterwerfen, als ihm die Geschehnisse zugetragen wurden. Wie sollte er reagieren? Etwa dem skandalösen Papst Schutz anbieten, ihn gar stützen und ihm in sein Amt zurückhelfen? Aber Papst war nun einmal Papst, Leo hin oder her, man konnte ihn schließlich nicht einfach absetzen! Außerdem mussten die Hintergründe geklärt und die Vorwürfe untersucht werden. Karl entschied, Leo zu treffen, und zwar an einem höchst symbolträchtigen Ort: in der befestigten Karlsburg mit neuer Kirche und prächtiger Königspfalz am Zusammenfluss von Pader und Lippe. Hierhin, inmitten des seit drei Jahrzehnten heftig umkämpften Gebietes, ließ er den Papst geleiten.

Der Empfang des römischen Flüchtlings gestaltete sich überaus ehrenvoll und ist detailliert überliefert. Doch was geschah dann? Worum ging es in den Gesprächen, die Papst und König führten? Verhandelten die beiden bereits über ein neues Kaisertum, das den Grundstein für das Heilige Römische Reich Deutscher Nation legte, welches bis 1806 Bestand haben sollte? Historiker fischen im Trüben, da weder Beteiligte noch Augenzeugen, nicht ein einziger Zeitgenosse überliefert hat, was Karl und Leo im stillen Kämmerlein zu Paderborn erörtert haben. Nach dreimonatigem Aufenthalt in Ostwestfalen wurde Leo wieder nach Rom geschickt, eskortiert von Panzerreitern und Juristen.

Im Jahr darauf stand Karl vor den Toren Roms, wurde kaiserlich empfangen, ließ Leo dessen Unschuld schwören und wurde zwei Tage später zum Kaiser gekrönt. Auch dazu schweigen die Quellen. Was genau geschah in der Peterskirche? Wollte Karl eigentlich Kaiser werden? Und wenn ja, warum? Oder war er gar

Das rekonstruierte Hauptgebäude der Pfalz beherbergt heute das Museum in der Kaiserpfalz.

Kaiser wider Willen? Die Mutmaßungen dazu schießen seit jeher ins Kraut. Einig ist man sich weitgehend darüber, dass die Idee des neuen Kaisertums in dem kleinen fränkischen Zentrum an den Paderquellen aufkam. Im Jahr 1964 stießen Archäologen mitten in Paderborn auf die Grundmauern jenes Gebäudekomplexes, in dem Karl und Leo beieinander saßen und darüber sannen, Weltgeschichte zu schreiben.

21 Der Stachel im Fleisch der Sachsen
Das Westwerk Corvey

Gehorsam, Beständigkeit und klösterlicher Lebenswandel – so lautet die Gelübdedreiheit der Benediktiner. Mitten in Ostwestfalen kann man sich auf die Spuren dieses ältesten westlichen Glaubensordens begeben, der mit dem Kloster Corvey die bedeutendste Kunst- und Kulturstätte der Region schuf – nicht zuletzt die erste und einzige UNESCO-Welterbestätte Westfalens.

Der erste Versuch des Benediktinerordens, im christianisierten Sachsen Fuß zu fassen, war allerdings ein Flop. Irgendwo in den waldigen, sehr abgelegenen Hügeln des Sollings errichteten Benediktiner 815 eine Klosteranlage, die reichlich mit Besitz des Mutterklosters Corbie in der französischen Picardie ausgestattet war. Vermutlich existierte darin sogar eine Schule für begabte Knaben. Doch wahrscheinlich lag jener unbekannte Ort namens Hethis zu weit abgelegen, um wirtschaftlich zu sein. Es kam zum Streit und schließlich, acht Jahre nach der Gründung, packten die Mönche ihre Kreuze und Reliquien wieder ein und zogen weiter an die Weser.

Am 26. September 822 erreichten die Ordensbrüder jenen Platz nahe Höxter, den der zuständige Bischof von Paderborn geweiht und dem er den Namen „(nova) Corbeia“ gegeben hatte. Hier nun konnten die Benediktiner ihr Motto vom Beten und Arbeiten erfolgreich in die Tat umsetzen. Ausgestattet mit großen Ländereien und zahlreichen Privilegien sowie den Gebeinen des Heiligen Vitus, die Ströme von Pilgern in die Stephanuskirche lockten, entwickelte sich das Kloster binnen weniger Jahrzehnte zur reichsten und mächtigsten Abtei in ganz Sachsen. Den Karolingern diente die Reichsabtei Corvey jedoch nicht nur als geistlicher Vorposten im Fleisch der heidnischen Völker des Nordens, sondern auch als Stützpunkt ihrer weltlichen Macht. Diese Bedeutung Corveys am Rande der damaligen christlichen Welt wurde auch architektonisch untermauert, mit einem Bauwerk, das als eines der letzten Zeugnisse karolingischer Architektur aus dem 9. Jahrhundert gilt und sich trotz der Wirren der Zeit in seinen wesentlichen Teilen bis heute erhalten hat: das Westwerk.

Um sowohl die hier gelebten geistlichen Inhalte und kirchlichen Ziele als auch das politische und wirtschaftliche Herrschaftsbestreben des fränkischen Reiches zu manifestieren, entstand zwischen 873 und 885 ein monumentales Bauwerk, das seinerzeit eine echte Innovation war. Tatsächlich zeigt die eigenständige, der ehemaligen Klosterkirche vorgelagerte Turmanlage bautechnische Neuerrungenschaften, in denen sich die architektonischen Entwicklungen der Romanik und Gotik ankündigen. Andererseits bediente man sich in der Gestaltung und Ausschmückung der Innenräume an antiken Vorbildern. Besonders deutlich wird diese „karolingische Renaissance“ an einigen

Das Westwerk von Kloster Corvey gilt als Meilenstein der Architekturgeschichte.

Wandmalereien mit Motiven, die eindeutig nicht der Bibel, sondern der griechischen Mythologie entspringen. Wenn in einem Gotteshaus ein lebensgroßer Odysseus gegen das Meeresungeheuer Skylla kämpft, dann schließt das anschaulich auf die Ideenwelt der Karolinger, die für die abendländische Kultur so grundlegend wurde.

Innovativ geht es auch in nächster Zukunft voran: Um die architektonische Einzigartigkeit des Welterbes Westwerk Corvey sowie seine ursprüngliche Farbigkeit und Ausstattung noch besser vermitteln zu können, wurde 2020 ein neues multimediales Konzept mit modernster Technik installiert: „Hightech und Historie“ – die Gäste werden Augen machen.

22 Ein Turm für die Romantik
Die Burg Sparrenberg

Auf die Größe kommt's nicht an. Denn auch wenn ihm moderne Messapparaturen jüngst über fünf Meter seiner Höhe raubten, bleibt der Turm der Sparrenburg der geografische Höhepunkt von Bielefeld. Und natürlich bleibt er das weithin sichtbare Wahrzeichen für eine über 800-jährige Stadtgeschichte, die vielleicht mit einer Burg begann.

Wann der weit über Bielefeld aufragende Bergsporn des Teutoburger Waldes erstmals bebaut wurde, wird man wohl nie genau erfahren. Heute geht man davon aus, dass die erstmals 1256 erwähnte Sparrenburg durchaus schon zu Beginn des 13. Jahrhunderts einen Vorgänger hatte, in dessen Schutz die Grafen von Ravensberg 1214 eine Stadt gründeten. Oder sollte es sich hier tatsächlich um den in Deutschland einzigartigen Fall handeln, dass zuerst eine Siedlung und danach erst eine beschützende Burg entstand?

Zumindest ist von den Baulichkeiten der mittelalterlichen Anlage kaum noch etwas vorhanden. Zu häufig wurde an der Burg herumgewerkelt, um den jeweiligen Erfordernissen der Zeiten zu entsprechen. Besonders als die neuen Kanonen im 16. Jahrhundert eine Modernisierung überlebensnotwendig machten, blieb kein alter Stein auf dem anderen. Unter den Herzögen von Kleve erfolgte die grundlegende Verwandlung in eine moderne Festung mit extrastarken Mauern, Geschützturm und Rondellen, unterirdischen Kasematten und verborgenen Verbindungsgängen. Man engagierte sogar einen professionellen Festungsbaumeister aus Italien, der das Gemäuer mit einem „Scherpentiner" aufpeppte, eine Bastion von besonders kantiger Gestalt, die man nur hier so nennt. Und anscheinend machte sich die fortschrittliche Baukunst bezahlt: Zwar wurde Westfalens größte Festungsanlage während des Dreißigjährigen Krieges gleich mehrfach belagert, sogar von Holländern, Spaniern, Franzosen und Schweden besetzt, jedoch nie bezwungen.

Und schon verlor sie wieder an Bedeutung. Militärisch nutzlos geworden, diente das Gemäuer nach dem Westfälischen Frieden als Residenz des Großen Kurfürsten Friedrich Wilhelm von Brandenburg, später als Amtshaus, Gefängnis und Steinbruch. 1842, der Zahn der Zeit hatte sich an der steinernen Feste bereits arg abgearbeitet, sammelten burgenromantisch angehauchte Bielefelder die nötigen Mittel für den Bau eines Aussichtsturmes, der bald anstelle des verfallenen Stumpfes in den ostwestfälischen Himmel ragte. Mit einer Höhe von exakt 31,465 Metern (ohne Flaggenmast) erhebt sich Bielefelds Wahrzeichen ab 207,86 Meter über Normalhöhe Null (NHN) und bietet bis heute eine sagenhafte Rundumsicht. Und Romantik findet man hier oben immer noch, besonders wenn sich Brautpaare das standesamtliche Jawort geben. Zugegeben, heiraten im 30-Minuten-Takt ist sportlich, aber das Burgambiente ist nun mal zu romantisch …

Bietet Romantik und Rundumsicht über Ravensberg: der Turm der Sparrenburg.

23 Drei Türme und ein großes Ohr
Das Kloster Marienmünster

Die Silhouette der drei Türme – zwei spitz, einer rund bedacht – zeigen schon von Weitem an, dass sich hier etwas Besonderes entdecken lässt. Tatsächlich zählt die ehemalige Benediktiner-Abtei Marienmünster im Kreis Höxter zu den bedeutendsten Orten in der mannigfaltigen Klosterlandschaft Ostwestfalens.

Kaum hat man die Klosterpforte durchschritten, befindet man sich in einer der vielseitigsten kulturellen Begegnungsstätten der gesamten Region. Gleich drei Einrichtungen nutzen den öffentlich zugänglichen Teil der ehemaligen Benediktinerabtei. Zunächst fallen Schafstall, Reise- und Ackerscheune auf, drei ehemalige Wirtschaftsgebäude, die nach umfassenden Renovierungsarbeiten als moderner Konzertsaal, Fortbildungs- und Veranstaltungsort dienen. Getragen von der Kulturstiftung Marienmünster finden hier vornehmlich musikalische Aufführungen von Klassik bis Jazz statt, die Räume stehen jedoch auch anderen Organisationen oder Privatleuten zur Verfügung.

Alsdann fällt der Blick des staunenden Gastes auf ein ungewohnt modernes Gebäude. Ein rostiges Stahlschild weist es als „FORUM Abtei Marienmünster" aus. In dem erst 2016 eingeweihten Besucherzentrum präsentiert sich das Netzwerk der Klosterlandschaft Ostwestfalen und Lippe auf höchst spannende Art. Hier wird mittels zeitgenössischer Kunst und multimedialer Animationen die monastische Vergangenheit aller bestehenden und ehemaligen Klöster der Region lebendig gehalten.

Und schließlich die Kirche der 1128 gegründeten Benediktinerabtei: Nach Fehde-, Pest- und Blütezeit erlebte das Kloster während des Dreißigjährigen Krieges mehrfach Überfälle und Plünderungen. Am Ende lag es größtenteils in Trümmern. Ab 1661 begann der Wiederaufbau der ursprünglich romanischen Basilika in den Formen des Barocks. Den Abschluss der Erneuerung bildete die prachtvolle Orgel (1736–38) des bedeutenden Lippstädter Orgelbauers Johann Patroclus Möller, die vielen als schönstes Barockinstrument der Region gilt. Bis heute stehen sie und die einmaligen akustischen Verhältnisse im Mittelpunkt viel beachteter Konzerte mit renommierten Organisten.

Auch der Siebenjährige Krieg (1756–63) traf das Kloster schwer. Mehrfach wurde es belagert, besetzt und ausgeplündert, sämtliches Vieh geschlachtet und die Kirche als Pferdestall benutzt, sodass die Abtei fast sämtliche Grundlagen ihrer Existenz verlor. Die folgenschwerste Begebenheit der rund 800-jährigen Geschichte erfolgte jedoch per königlicher Kabinettsorder am 10. März 1803. Mit der Säkularisation endete auch in Marienmünster das monastische Leben. Die Mönche zogen aus und sämtlicher Klosterbesitz ging an den preußischen Staat. Die Ländereien und Wälder, die im Laufe der Zeit erheblich angewachsen

Im Schatten der drei Turmspitzen hat sich ein außergewöhnliches Zentrum ostwestfälischer Kultur etabliert.

waren, wurden verkauft; die Bibliothek, das Altarsilber sowie zahlreiche Gemälde versteigert. Einzig das Gotteshaus blieb als katholische Pfarrkirche erhalten.

Trotz dieser bewegten Geschichte und diverser Umbauten konnte in der Abgeschiedenheit und Ruhe von Marienmünster eine besondere Aura bewahrt werden. Es gibt wohl nur wenige Orte, an denen das spirituelle und kulturelle Potenzial der langen monastischen Vergangenheit so lebendig bis in die Gegenwart reicht. Und während Musikfreunde den klassischen Klängen folgen, spitzt auch das Große Mausohr selbiges, wenn es auf dem Dachboden der Abtei seine Jungen großzieht. In der Tat, der riesige Dachboden ist seit 2004 ein ausgewiesenes Schutzgebiet für Fledermäuse, denen das himmlische Gemäuer ganz irdischen Nutzen bringt.

24 Das fromme Dutzend
Die Mönche von Marienfelde

Um für das eigene Seelenheil zu sorgen, galt die Gründung eines Klosters als altbewährtes Mittel. Und so setzte sich im Jahr 1185 der Münsteraner Fürstbischof mit sieben westfälischen Adeligen zusammen, um in den abgelegenen Heidesanden bei Harsewinkel ein Zisterzienserkloster zu gründen: Kloster Marienfeld, eine der berühmtesten Abteien Westfalens.

Damit die armen, keuschen und gehorsamen Ordensleute möglichst schnell damit beginnen konnten, für das Seelenheil der Stifter zu beten, wurde das Kloster bei seiner Gründung großzügig ausgestattet. Schenkungen und Besitzvermehrung durch Tausch, Kauf und Verpfändung sorgten dafür, dass Marienfeld bald zu einem der reichsten Klöster weit und breit werden würde. Und so machten sich im Jahr 1185 zwölf Zisterziensermönche von Kloster Hardehausen aus auf den Weg. Angeführt von Abt Eggehardus gelangte das fromme Dutzend zu einer abseits gelegenen Bauernschaft, in deren Nähe bereits die Kapelle Wadenhart stand. Das kleine Gotteshaus war zuvor den Benediktinern von Liesborn geschenkt worden, die sie jedoch bald zurückgaben – zu unerträglich war die Lage, zu beschwerlich die Betreuung, zu gering die Anzahl der Gläubigen. Nun gab der Bischof das Kirchlein samt unwegsamen Ländereien und einigen Bauernhöfen an die Neugründung „Campus Sanctae Mariae“, Feld der Heiligen Maria, das heutige Marienfeld. Eine einzelne Wand dieses fast 900 Jahre alten Gemäuers ist bis heute erhalten geblieben.

Gleich nach ihrer Ankunft begannen die tatkräftigen Brüder damit, ihr Kloster zu errichten. Im Zentrum der Anlage erhob sich bald eine prachtvolle Klosterkirche im spätromanischen Stil, deren Bauweise die sakrale Architektur der gesamten Region bis hin in den Ostseeraum nachhaltig beeinflusst hat. Sie gilt als herausragendes Zeugnis der zisterziensischen Baukunst, nicht zuletzt weil sie das erste Gotteshaus in Westfalen war, das aus Ziegelsteinen errichtet wurde. Daher gestaltete sich die feierliche Einweihung im Jahr 1222 zu einem bedeutenden Ereignis, an dem zahlreiche hohe Würdenträger teilnahmen.

In späteren Jahren wurde der aufstrebende Innenraum um Seitenschiffe erweitert, man ergänzte einen wunderbaren Kreuzgang, in dem die abendlichen Lesungen der Mönche gehalten wurden. Der Kontrast zwischen der erhabenen architektonischen Schlichtheit und der pompösen Ausstattung aus der Zeit von Gotik und Barock macht die Kirche noch immer weithin einmalig. Neben dem Sakralbau haben sich auch noch das barocke Abteigebäude und die aus dem frühen 18. Jahrhundert stammenden Wirtschaftsgebäude erhalten, in denen heute Tagungen und Events stattfinden, während im Hotel „Klosterpforte“ vorzüglich gespeist und genächtigt werden kann. Übrigens ein Grund mehr, warum ganz

Das „Feld der Heiligen Maria" wurde zum Meilenstein sakraler Ziegelsteinarchitektur.

Ostwestfalen voller Stolz nach Marienfeld blickt. Schließlich war hier während des legendären Fußball-Sommermärchens 2006 die portugiesische Nationalmannschaft einquartiert.

Die Geschichte des Klosters, der man auf Führungen und Rundgängen nachspüren kann, ist auch die Geschichte der insgesamt 48 Äbte, die sich 618 Jahre lang um das Seelenheil kümmerten. Sie waren gefürchtet und beliebt, mal habsüchtig, mal genügsam, und sie alle prägten das Bild der Abtei auf ihre Weise. Bis 1803, als die irdischen Machthaber auf sämtliches Seelenheil pfiffen und allen geistlichen Besitz kurzerhand verweltlichten. Erhaltene Kunstschätze und die besinnliche Atmosphäre, ein klösterlicher Geist und das hier gebraute „Marienfelder Klosterbräu" bilden heute eine faszinierende Mischung – und sind immer gut fürs Seelenheil.

25 Mönchskultur mit rotem Punkt
Das Klostermuseum Dalheim

Ende August kommen Ordensleute aus ganz Europa nach Ostwestfalen, um auf dem Dalheimer Klostermarkt über Gott und die Welt zu sprechen – und ihre weltlichen Kostbarkeiten für Leib und Seele anzubieten. Dem weithin größten Markt dieser Art dient das ehemalige Kloster Dalheim als Kulisse, ein Ort mit bewegter Vergangenheit und einem ausgezeichneten Museum.

Die historischen Spuren der etwa 7,5 Hektar umfassenden Klosteranlage reichen etwa 800 Jahre weit in die Vergangenheit und künden vom Aufstieg, Wandel und Niedergang ostwestfälischer Klosterkultur. Sie erzählen von den Anfängen als mittelalterliches Frauenkloster, vom gedeihlichen Tun der Augustiner Chorherren, die ihren Erfolg mit barocken Prachtbauten krönten, und von der profanen Zeit als preußische Staatsdomäne und Gutshof. Seit 2007 beherbergen die uralten Mauern Deutschlands einziges Landesmuseum für klösterliche Kulturgeschichte. Die fast vollständig erhaltene Anlage bietet heute eine hervorragende Gelegenheit, die faszinierende Welt der hiesigen, aber auch der europäischen Klosterkultur zu erkunden.

Umgeben vom riesigen Klostergarten, der mittelalterlichen Kirche und dem spätgotisch ausgemalten Kreuzgang sowie den imponierenden Bauten des Barocks gibt im Zentrum des Ensembles eine moderne Ausstellung Einblicke in das Leben hinter Klostermauern. In der mit dem Designpreis „red dot“ prämierten Schau wurden 1.700 Jahre Klostergeschichte in Szene gesetzt. Hier kann man vom Vorratskeller bis zur Bibliothek die wichtigsten Räumlichkeiten eines mittelalterlichen Klosters kennenlernen, in denen die frommen Bewohner einst ihre Gebete und Arbeiten verrichteten. Themen wie Essen und Trinken, Musik und Theater und weitere Facetten klösterlichen Lebens werden aufgegriffen und machen deutlich, wie entscheidend Klöster wie Dalheim die Entwicklung Europas geprägt haben. Denn sie bildeten nicht nur einflussreiche Stätten christlichen Glaubens, sondern auch beachtliche Bildungs- und Wissenszentren, in denen sich Forschung, Kunst und Fortschritt entfalten konnten.

Dieses und viel Spannendes mehr kann man in Dalheim erfahren. Denn wer zum Beispiel weiß schon, was der legendäre Götz von Berlichingen ausgerechnet in Ostwestfalen wollte? Oder warum einige der seltensten und empfindlichsten Stücke bewusst in einer Räucherkammer ausgestellt sind? Warum es den Klosterbrüdern einst schwer fiel, „das rechte Maß“ zu halten und wie sie versuchten, den lieben Gott zu überlisten? Hier kann man auch erkennen, warum die Brüder im Chorraum der Kirche besser „die Klappe hielten“, weshalb sie Bücher schlugen, um sie aufzuschlagen, und was ihre mittelalterlichen Skelette über Laktoseintoleranz erzählen. Und was hat es mit dem mehrere Jahrhunderte

Kloster, Klosterkultur und Klosterkulturmuseum unter einem Dach.

alten, erst vor wenigen Jahren entdeckten Urkundenschatz auf sich? Ein Zufallsfund, der half, viele Fragen zu beantworten. Hinzu kommt Mönchsgesang aus dem 15. Jahrhundert. Wie und warum gelang es gerade in Dalheim, ihn wieder zu Gehör zu bringen? Außerdem wird erzählt, wie die frommen Brüder selbst hinter ihren dicken Klostermauern von machtpolitischen Ränkespielen gepiesackt wurden. Wahrlich, es ging zu wie in einem Thriller: Da ist von falschen Anschuldigungen die Rede, von Gebietsansprüchen und geheimen Zusammenkünften, von Juristen, Gutachten, Hexereiprozessen, Kerker und Tod … Wer glaubt, das Leben hinter Klostermauern wäre nur von starren Regeln, Stille und Verzicht geprägt, der sieht sich in Dalheim bald eines Besseren belehrt.

26 Zeitgeist mit Querdach
Schloss Neuhaus in Schloß Neuhaus

In den Orten und Städten längs der Weser sind sie oft zu beobachten: Besuchergruppen, deren Blicke einem ausgestreckten Finger hinauf zu alten Häuserfassaden folgen und mit überstreckten Hälsen etwas von Welschen Giebeln, Zwerchhäusern und Utluchten murmeln. Touristen lieben die liebenswürdigen Schau-Fassaden der Weserrenaissance.

Was dort zu Beginn des 16. Jahrhunderts aus dem Süden über die Alpen kam, war ein Phänomen, das nicht nur in der Baukunst jener Zeit Spuren hinterließ. In der Bildhauerei kam es fortan auf Wirklichkeitstreue an; in der Malerei wurde der harmonisch ausgewogene Bildaufbau zwingend; während man in der Architektur auf strenge Linien und geometrische Figuren wie Quadrat, Kreis und Halbkreis setzte. So stellten sich die kreativen Köpfe ihrer Zeit die Wiedergeburt der Antike vor, die Renaissance. In Norddeutschland sollte sich die neue Strömung besonders intensiv im Weserraum niederschlagen, wo diese Bauform lange als regionale Besonderheit galt: die sogenannte Weserrenaissance. Einen ostwestfälischen Meilenstein dieser Architektur stellt das Schloss Neuhaus in Schloß Neuhaus bei Paderborn dar.

In den frühen 1520er-Jahren machte sich der Paderborner Fürstbischof Erich von Braunschweig daran, die Modernisierung des inzwischen in die Jahre gekommenen Bischofshauses vor den Toren Paderborns in die Tat umzusetzen. Dafür engagierte der kunstsinnige Kirchenmann den aus Süddeutschland stammenden Jörg Unkair, der als Meister von Tübingen Bekanntheit erlangte. 1524 begann der ehemalige Steinmetz als Baumeister mit dem langwierigen Umbau des Schlosses in eine würdige Residenz. In seinen Entwürfen orientierte er sich an süddeutschen Vorbildern und konzipierte für Neuhaus sein erstes Bauwerk im Stil der Renaissance. Rechtwinkliger Grundriss mit hofseitigen Wendeltreppentürmen, rundbogige Portale und quer (mittelhochdeutsch: zwerch) auf dem Dach sitzende Zwerchhäuser sollten zum Charakteristikum der neuen Stilepoche an der Weser werden. Auch mit Kugeln besetzte Welsche (italienische) Giebel, Bossensteine mit Kerbornamenten, Fächerrosetten, Streifenputz sowie die Stand-Erker (Utluchten) gehörten bald zu den markanten Kennzeichen dieser neuen Ausdrucksform. Das Schloss zu Neuhaus geriet zu einer der modernsten und fortschrittlichsten Anlagen der beginnenden Neuzeit und wirkte weit über die Region hinaus stilprägend.

Der Baustil selbst bildete den neuen Zeitgeist ab, der besonders auch als Austausch europäischer Kulturen verstanden werden kann. Eine Ursache für den aufkommenden Bauboom in Norddeutschland zwischen 1520 und 1620 war eine andauernde Agrarkrise im Mittelmeerraum, während sich der Weserraum zu einer gut gefüllten Kornkammer entwickelte. Kaufleute und Handelsherren, weltliche und kirchliche

Ostwestfälische Renaissance, ein Baustil aus Antike und Zeitgeist.

Herrscher profitierten von der blühenden Wirtschaft und entfachten einen regelrechten Wettbewerb in der Darstellung ihrer Macht und Reichtümer. Dass zudem der begehrteste Baustoff jener Zeit, der Wesersandstein, direkt vor der eigenen Haustür gebrochen wurde, tat ein Übriges dazu. Inzwischen sind die Forscher des Weserrenaissance-Museums Schloss Brake jedoch zu der Erkenntnis gekommen, dass dieser Architekturstil zwar besonders, aber kein Ausdruck volkstümlicher, regionaler Identität ist. Heute betrachtet man die Weserrenaissance in einem größeren entwicklungsgeschichtlichen Rahmen – und in Besuchergruppen, die mit überstreckten Hälsen noch immer murmeln: „Utlucht, Welscher Giebel, Zwerchhaus …"

27 HAT VNS GOT DIE PESTILENS GESANT
Pestfriedhof Bad Wünnenberg/Leiberg

Verborgen im Wald kündet ein Sandsteinkreuz von dem unendlichen Schrecken, der das ostwestfälische Örtchen Leiberg im Jahr 1635 heimsuchte. Es markiert einen der wenigen erhaltenen Pestfriedhöfe des Landes und erinnert an jene geradezu apokalyptische Bedrohung, die die Bevölkerung Europas wiederholt peinigte.

Das erst 1490 gegründete Dorf am Bachbett der Leyberch war ein Erfolg. Bis in die Zeit des Dreißigjährigen Krieges war die Bevölkerung stetig angewachsen und die Bauernfamilien in ihren strohgedeckten Höfen fanden ihr Auskommen. Die Apokalypse, der Weltuntergang, von dem der Pastor aus Wünnenberg schon gepredigt hatte, traf den Ort im August des Jahres 1635. Doch kam das Ende nicht wie in der Bibel prophezeit als entsetzlicher Knochenmann hoch zu Ross, sondern heimlich, vermutlich im Gewand eines Bettelmönchs. Binnen weniger Tage raffte der Schwarze Tod die Bewohner reihenweise dahin – Kinder und Greise, Männer und Frauen, Mittellose und Betuchte, ganze Familien, niemand blieb verschont, es gab kein Entkommen.

Ihre sterblichen Überreste wurden hinunter ins Tal gebracht, wo nach der Volksüberlieferung der Schreiner Lubbert Schomaker unter der „Pestlinde" Sarg um Sarg anfertigte. Doch wohin damit? Einhundert, zweihundert Tote bereits, und es wurden immer mehr. Der zuständige Kirchhof in Wünnenberg war viel zu klein, um sie alle aufzunehmen. Außerdem hatte die Stadt aus Angst vor Ansteckung die Tore verriegelt. Da entsann man sich der ehemaligen Siedlung Fornholte ganz in der Nähe, die gegen Ende des Mittelalters abgebrannt und wüst gefallen war. Von der einstigen Kapelle ragten nur noch kümmerliche Reste empor, dennoch war dies der ideale Ort: Weit genug von den Wohnstätten der Lebenden entfernt, konnten die Opfer der Seuche dennoch in geweihter Erde ruhen.

Die Leiberger beteten um ihr Leben und erflehten Gottes Gnade, der sie schließlich erhörte. Am Tag des Heiligen Bartholomäus, dem 24. August, war die Pestwelle vorüber. Die überlebenden sieben Bewohner bestatteten die letzten Opfer, die letzten von vierhundert. In das Kreuz, welches den Ort möglicherweise schon zuvor geziert hatte, grub man zur Erinnerung an die Katastrophe die Inschrift: „ANNO 1635 DEN 25. GVSTI HAT VNS GOT DIE PESTILENS GESANT. WIE MANGEM IST BEKANT SINT VOM DORF LEBERG 400 MENSCHEN GESTORBEN, DENEN GOT DIE SELIKIT ERWORBEN. AMEN." Auf der Rückseite ist zu erkennen: „IHS [Christusmonogramm] GOTT ALLEIN ZU EHREN HATS LUBBERT SCHOMAKER ++". Der Gedenktag des Bartholomäus wurde in Leiberg fortan zum Festtag erklärt. Und bis heute zieht alljährlich zu Pfingsten eine Prozession von der Leiberger Agatha-Pfarrkirche bis hinauf in den idyllischen Hochwald, wo jenes einsame Steinkreuz an die dunkelste Zeit des Ortes erinnert.

Mitten im Wald erzählt ein Kreuz davon, wie der Schwarze Tod nach Ostwestfalen kam.

28 Mit Pulverdampf und Paukenschlag
Die Schlacht bei Minden

Es ging um alles – und noch viel mehr. Genau 750 Jahre nachdem der legendäre Arminius dem römischen Imperium einen schmerzlichen Denkzettel verpasst hatte, sollte in Ostwestfalen abermals eine Schlacht geschlagen werden, deren Ausgang die Machtverhältnisse nicht nur in Europa grundlegend umkrempeln würde.

Sommer 1759, der Siebenjährige Krieg (1756–1763), in dem sich alle bedeutenden Mächte Europas gegenüberstehen, strebt seinem Höhepunkt entgegen. Friedrich der Große von Preußen steht kurz davor, alles zu verlieren. Sein Feldzug gegen Maria Theresia von Österreich und ihre Verbündeten im Kampf um Schlesien ist ein Desaster. Nun rücken von Norden schwedische Truppen heran und von Westen drängt die französische Armee unter dem Marquis von Contardes immer weiter vor. Der große Stratege Friedrich steckt in der Klemme. Mit Bestürzung sieht das auch Georg II., Kurfürst von Hannover und König von England. Denn sollte Frankreich sein Kurfürstentum erobern, hätte es ein stattliches Faustpfand gewonnen, mit dem es England zum Rückzug aus den nordamerikanischen Gebieten zwingen könnte. Schon hat der Marquis einen erfolgreichen Vorstoß gewagt und die Festungsstadt Minden erobert. Georg und Friedrich einigen sich und stellen ein alliiertes Heer auf. Unter dem Oberbefehl von Herzog Ferdinand von Braunschweig stehen schließlich Einheiten aus Preußen, Großbritannien, Hannover und weiteren Verbündeten bereit.

Die 40.600 Soldaten marschieren mit über 100 Geschützen von Nordwesten auf Minden zu. Von Süden rückt der Marquis heran, der auf rund 57.000 Mann und 86 Geschütze zurückgreifen kann. In der Nacht zum 1. August, im Schutz eines schweren Unwetters, beziehen die französisch-sächsischen Truppen ihre Stellungen und eröffnen um fünf Uhr in der Frühe das Artilleriefeuer. Von Todtenhausen im Norden bis Minden-Hahlen im Süden entbrennen heftige Gefechte, die Schlacht wogt hin und her. Nach vier mörderischen Stunden ist es vorbei. Um neun Uhr morgens befiehlt der Marquis den allgemeinen Rückzug – die Schlacht bei Minden ist geschlagen, die Stadt zurückerobert, während der Marquis sein Heer über die Weser in Richtung Hessen führt.

Wie es der zahlenmäßig unterlegenen Koalitionsarmee gelingen konnte, die französische Elitearmee zu schlagen, wird bis heute diskutiert. Denn im Laufe der Schlacht kam es einerseits zu unerhörten Missverständnissen, erstaunlichen Fehleinschätzungen und sogar Befehlsverweigerungen, während andererseits überlegene Scharfschützen und gut ausgebildete Artilleristen ihrem blutigen Handwerk nachkamen. Grenadiere überrannten Geschützstellungen und Infanteristen kämpften erfolgreich gegen

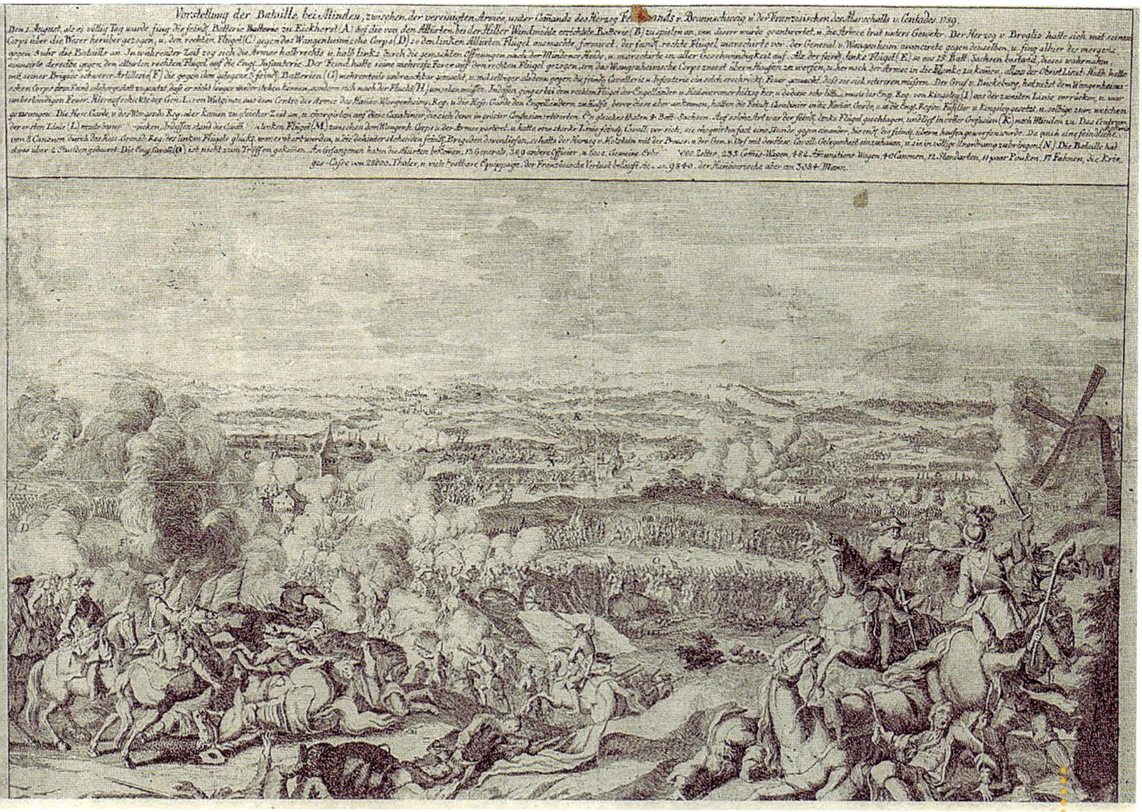

Ein Stich, der die Teilnehmer der „blutigen Bataille“ bei Preußisch Minden erklärt.

die traditionell überragende Kavallerie. Einfache Soldaten, die mit aufgepflanzten Bajonetten adelige Reitereinheiten verfolgten und nahezu vernichteten – so etwas hatte man noch nicht gesehen. Vermutlich beruhte der alliierte Sieg bei Minden auf einer Mischung aus Scharfsinn und Erfahrung, Ausbildung, Kühnheit und einer ordentlichen Portion Glück.

Die Konsequenzen waren erheblich: Ohne Bedrohung aus dem Westen konnte sich Preußen zur europäischen Großmacht aufspielen. Frankreich zog sich aus Nordamerika zurück und steuerte innenpolitisch geschwächt auf eine Revolution zu. Großbritannien begründete mit Kolonien in Nordamerika und Indien sein weltumspannendes Empire. Bis heute wird dem 1. August als „Minden Day“ gedacht, dem Tag, als in Ostwestfalen einmal mehr Weltgeschichte geschrieben wurde.

29 Zwei Morde und ein Todesfall
Der Bökerhof in Bökendorf

Unter den Dächern von Haus Bökerhof im ostwestfälischen Bökendorf, einem schicken Herrenhaus mit weitläufigem Gartenensemble und romantischem Laubengang, entstand nichts weniger als ein Stück Weltliteratur. Das Werk, das eigentlich als Sittengemälde angelegt war, machte als dramatischer Krimi Furore: „Die Judenbuche" von Annette von Droste-Hülshoff.

Es war im Sommer 1805, als die achtjährige Anna Elisabeth, aus der später die große Annette wurde, erstmals das herrschaftliche Gut ihrer Großeltern in Bökendorf bei Brakel besuchte. Die Freiherren von Haxthausen, die hier seit Jahrhunderten lebten, gehörten zu den waschechten und uralten ostwestfälischen Adelsgeschlechtern. In jenen Jahren begannen Annettes vielseitig erfolgreicher Großvater Werner Adolph von Haxthausen, dessen nicht minder universell begabter Bruder August sowie deren beide Schwestern, den „Bökendorfer Kreis" zu initiieren. Ab 1810 fanden sich in diesem Zirkel zahlreiche ambitionierte Freunde und Bekannte der Familie zusammen, um sich mit Literatur jeglicher Art auseinanderzusetzen, sie vorzutragen, zu sammeln und sie selbst anzufertigen. Auch die drei Brüder Grimm, Clemens Brentano, Josef Görres und andere vielversprechende Literaten der Zeit waren häufig zu Gast auf dem Anwesen. Fortan war auch Werner Adolphs Enkelin Annette von Droste-Hülshoff regelmäßig zugegen, die hier oder im benachbarten Abbenburg wohnte. Dabei war ihr nicht nur an der zahlreichen Paderborner Verwandtschaft oder gar den ein und aus gehenden Poeten gelegen, sondern vor allem an der guten ostwestfälischen Luft, die dem kränkelnden Mädchen aus dem Münsterland Linderung brachte. Und dass ihr Opa so tolle Geschichten zu berichten hatte. So erzählte er ihr im Juli 1813 von dem als „wörtlich wahr" notierten Mordfall, in dem sein eigener Vater als Gerichtsherr tätig gewesen war. In dieser Funktion hatte dieser den Totschlag an einem Juden untersucht, der von einem jungen Mann aus dem nahen Dorf Bellersen umgebracht worden war. Der Täter verschwand für lange, lange Zeit, kehrte später wieder heim und richtete sich am Ort des Geschehens selbst, nämlich an einer mächtigen Buche im Abbenburger Forst auf dem Joelskamp.

Dreißig Jahre später (1842) veröffentlichte Annette von Droste-Hülshoff diese Geschichte mit dem Untertitel „Sittengemälde aus dem gebirgichten Westfalen", die als „Die Judenbuche" zu Weltruhm gelangte. Spätestens mit diesem Prosawerk über das abgelegene ostwestfälische „Dorf B." erklomm „die Droste" den literarischen Olymp und gilt seither als bedeutendste deutschsprachige Schriftstellerin des 19. Jahrhunderts. Der Erfolg ihres großartigen kleinen Buches über Schuld und

Annette von Droste-Hülshoff schuf dieses Aquarell vom Bökerhof im Jahre 1820.

Sühne, Antijudaismus und Vorurteile, die in Gewalt münden, liegt wohl nicht zuletzt darin begründet, dass es sich um eine spannende Kriminalgeschichte mit zwei Morden, Fluch und Flucht sowie einem tragischen Todesfall handelt: ein Real-Crime-Bestseller, der bis heute zum literarischen Kanon gehört.

30 Vivat Viadukt
Die Eisenbahnbrücke von Altenbeken

Wenn es in der Egge dampft und stampft, raucht und schmaucht und sich „Trainspotter" aus ganz Europa an den Gleisen drängeln, dann heißt es in Altenbeken wieder „Vivat Viadukt". Alle zwei Jahre lädt die Gemeinde im Tal der Beke zu einem der schönsten Eisenbahnfeste des Landes. Im Mittelpunkt steht stets der Beke-Viadukt: Industriedenkmal, Wahrzeichen und zweifelsohne eine Sensation.

„Alles muss man selber machen", werden sich die preußischen Ingenieure wohl gedacht haben, als der erste Versuch, ein deutsches Mittelgebirge mittels Eisenbahn zu überwinden, grandios scheiterte. Um den Lückenschluss zwischen den bereits vorhandenen Strecken Hamm–Paderborn und der Hessischen Nordbahn zu vollziehen, sah die beauftragte Gesellschaft eine Gleisführung von Paderborn über Lichtenau und Willebadessen bis nach Warburg vor. Nach englischem Vorbild sollte dafür das steil aufragende Eggegebirge untertunnelt werden. Zu Beginn des Jahres 1846 nahm man das anspruchsvolle Vorhaben in Angriff, das mit den modernsten technischen Errungenschaften ausgerüstet als Jahrhundertprojekt bejubelt wurde.

Doch die Egge wehrte sich und sorgte mit unüberwindlichen geologischen Hürden dafür, dass das Ganze 1848 scheiterte und aufgegeben wurde. Die „Alte

Der Viadukt über die Beke, eindeutig ein Meilenstein preußischer Ingenieurkunst.

Eisenbahn“, zwei mächtige, 200 Meter lange Einschnitte in den Fels, zeugt nahe Willebadessen bis heute von der unvollendeten Baustelle. Preußen übernahm und begann 1851 den Bau der alternativen Trasse via Altenbeken. Zwar mussten auch auf dieser Route beträchtliche Höhenunterschiede bezwungen werden, doch der rasante technische Fortschritt jener Tage machte es möglich. Inzwischen waren die dampfenden Zugmaschinen so leistungsstark, dass man auf den Einsatz von Vorspannloks verzichten konnte. Und so harkten, buddelten und sprengten Hunderte Arbeiter der nun zweigleisig geplanten Bahn den Weg frei und überbrückten Täler mit bemerkenswerten Konstruktionen.

Ihr ultimatives Meisterstück lieferten die preußischen Ingenieure mit dem Viadukt über das Beketal ab. Nach nur zweijähriger Bauzeit war die größte Kalksandsteinbrücke Europas fertiggestellt: 24 Rundbögen, 35 Meter hoch und unendliche 482 Meter lang. 573.000 Taler hatte Preußens architekturbegeisterter König allein dafür springen lassen. Zur Einweihung der gewaltigen Überführung im Juli 1853 reiste Seine Majestät Friedrich Wilhelm IV. selbstverständlich persönlich an. Nicht ohne Stolz soll er angesichts der imponierenden Konstruktion geäußert haben, dass er im Hinblick auf den enormen Verbrauch von Talern eigentlich eine „goldene Brücke“ erwartet habe.

Golden ist zumindest jener Viadukt, den Altenbeken seither im Wappen trägt. Golden war auch die Zukunft der kleinen, beschaulichen Gemeinde im Eggegebirge, entwickelte sie sich doch rasch zu einem überregional bedeutenden Eisenbahnknotenpunkt, über den vor allem die Kohletransporte aus dem Osten ins Ruhrgebiet rollten. Auch wenn jene „goldenen“ Bahnzeiten längst dahin sind: Wer einmal die Stammstrecke der Königlich-westfälischen Eisenbahn unter Dampf befahren und die spektakuläre Aussicht vom Beke-Viadukt erlebt hat, wird die Altenbekener verstehen: Vivat! Es lebe der Viadukt!

31 Entzauberung eines Dreiecks
Die Wewelsburg

Widukinds Grab und Hermanns Denkmal in der Nachbarschaft, dazu die Magie der Externsteine und ein dreieckiger Grundriss, der an die Spitze der Heiligen Lanze erinnert. Noch ein wenig Germanentum, einige nordische Symbole sowie Gerüchte über Geheimrituale, sodann das Ganze mit Geheimnistuerei umhüllt – schon wurde aus einer bischöflichen Schlossruine eine mystische „Gralsburg": die Wewelsburg.

Um 1600 fand der Paderborner Fürstbischof am Rande des Dorfes Wewelsburg die geeignete Stätte für seine amtliche Nebenresidenz. Auf dem spitz zulaufenden Hügel und über den Resten alter Befestigungen ließ sich Dietrich von Fürstenberg bis 1609 ein wehrhaftes Haus bauen, das aufgrund der Grundstücksform dreieckig ausgeführt wurde. Allerdings weilten der Bischof und seine Nachfolger nur selten hier. So setzte bald der allmähliche Verfall des trutzigen Schlosses ein, Blitze und Brände taten ihr Übriges, sodass um 1900 nur noch Teile erhalten waren. In den 1920er-Jahren richtete der Kreis hier eine Begegnungsstätte mit Heimatmuseum und Jugendherberge ein, die zwar gut angenommen wurde, aber aufgrund der beginnenden Weltwirtschaftskrise kaum noch zu finanzieren war.

Man zeigte sich daher zugänglich, als Ende 1933 der SS-Reichsführer Heinrich Himmler Interesse bekundete, die Wewelsburg zu pachten. Der neue Mieter wollte aus dem ruinierten Dreieck zunächst eine Schulungsstätte und später einen ideologischen Versammlungsort für seine Führungsspitze errichten. Doch je mehr die Machtfülle Himmlers und der SS zunahmen, desto monumentaler wurden die Baupläne. Schließlich sahen sie eine gigantische ringförmige Anlage vor, in deren Zentrum der Nordturm der Burg liegen sollte. Für die Arbeiten wurden Häftlinge eingesetzt, die in einem Konzentrationslager ganz in der Nähe untergebracht waren. Mindestens 1.285 dieser Menschen mussten Himmlers Ansinnen mit ihrem Leben bezahlen.

Dabei wurde das sogenannte Reichshaus der SS-Gruppenführer bis zum Ende des Krieges weder genutzt noch führte man die Umbauten aus. Kurz vor dem Eintreffen der Amerikaner am 2. April 1945 sprengte ein SS-Kommando Teile der Burg, die daraufhin völlig ausbrannte. Von der NS-Architektur blieben lediglich zwei Hallen im Nordturm erhalten, über deren geplanten Verwendungszweck keinerlei gesicherte Angaben vorliegen.

Bereits mit dem Wiederaufbau ab 1948 wurde die Burg dann mit dem Nimbus eines geheimnisvollen, energetisch besonders aufgeladenen Ortes belegt, um den sich Legenden und Mythen von einer „Kultstätte" zu ranken begannen, die jedoch jeglichen Realitätsbezug vermissen lassen.

Ihr dreieckiger Grundriss, die beeindruckende Lage und die romantisch-unheimliche Atmosphäre machen die Wewelsburg sicherlich zu einem der spannendsten Orte in Ostwestfalen.

Drei Ecken, drei Funktionen: ein spannendes Heimatmuseum, eine beispiellose Ausstellung und die coolste Jugendherberge weit und breit.

Zu einem historischen Meilenstein der Region wird sie jedoch durch ihre Dauerausstellung „Ideologie und Terror der SS“, in der weltweit erstmalig die Gesamtgeschichte der SS präsentiert wird. Dabei werden deren auf der Burg noch immer vorhandene Hinterlassenschaften keineswegs kaschiert, sondern aus unterschiedlichen Perspektiven beleuchtet, um die menschenverachtenden Hintergründe zu enthüllen. Wenn neonfarbige Sitzsäcke auf ein schwarzes Runenmosaik treffen, dann haben die poppigen Retromöbel wohl nirgendwo auf der Welt eine sinnfälligere Aufgabe. Allein ihr ungeordnetes, quietschbuntes Vorhandensein durchbricht famos die gewollt weihevolle Atmosphäre des Saals und helfen, die von den Nazis entworfene Scheinwelt zu demontieren. Am Ende sollte selbst dem letzten Ignoranten einsichtig geworden sein, dass die Wewelsburg kein mystischer Ort, sondern Bestandteil eines verbrecherischen Herrschaftssystems war und dem zauberhaften Dreieck keinerlei Zauber innewohnt.

32 Von Tätern, Opfern und Gedenken
Die Gedenkstätte „Stalag 326“

Um Archäologen zu begeistern, bedarf es keiner römischen Legionen. Manchmal sind es jene schlichten, nur wenig alten Gegenstände des Alltags, die unter Forschern für Aufregung sorgen. In Ostwestfalen war es eine verzierte Blechdose, die einen neuen, spektakulären Blick in die Vergangenheit gestattet. Fundort: ein Kriegsgefangenenlager.

Die Sonne steht über schneebedeckten Bergen, davor umrahmen hohe Nadelbäume ein Haus mit Garten, daneben steht ein Name in kyrillischen Buchstaben – all dies ritzte vor rund 75 Jahren ein Insasse des Kriegsgefangenenlagers „Stalag 326“ in den Boden seiner Proviantdose. Vermutlich zeigt die schlichte Gravur auf dem Blechbehälter die Heimat seines Besitzers. Gemeinsam mit rund 1.000 Fundstücken, die im Sommer 2019 auf einer archäologischen Grabung auf dem früheren Lagergelände zutage kamen, zeugt das einfache Ritzbild von den erbärmlichen Umständen, unter denen die Inhaftierten ihr Leben fristen mussten.

Unter der Bezeichnung „Stalag 326 (VI K)“ gründete die Wehrmacht während des Russlandfeldzuges im Jahr 1941 am Rande der Senne eines der größten Rekrutierungs- und Durchgangslager des „Dritten Reiches“. Insgesamt waren bis April 1945 mehr als 300.000 sowjetische Kriegsgefangene in Stukenbrock interniert, die von hier aus zur Zwangsarbeit in die Bergbau- und Industrieanlagen des Ruhrgebietes, in Handwerks- oder Landwirtschaftsbetriebe entsandt wurden. Im Lager waren auch Kriegsgefangene aus Frankreich, Belgien, Serbien, Polen und Italien untergebracht, die jedoch zumeist unter erträglicheren Bedingungen lebten, Care-Pakete empfangen durften und sogar eine Kapelle sowie eine Bücherei zur Verfügung hatten.

So machen die von den Archäologen geborgenen Funde insbesondere auf das Leid der sowjetischen Gefangenen aufmerksam, die bei ihrer Ankunft nicht einmal Unterkünfte und sanitäre Anlagen vorfanden. Um sich vor der Witterung zu schützen, mussten sie sich mit einfachsten Hilfsmitteln wie Blechdosen Erdlöcher graben. Die Zahl der sowjetischen Gefangenen, die im „Stalag 326“ durch Hunger, Krankheit oder Gewalt zu Tode kamen, lässt sich heute nur schätzen. Man geht von mindestens 15.000 Opfern aus, es könnten aber bis zu 65.000 gewesen sein, die auf dem Gelände des heutigen Ehrenfriedhofs in Massengräbern verscharrt wurden.

In einer erhaltenen Arrestbaracke informiert eine Ausstellung über die Geschichte des Lagers, das nach dem Krieg für deutsche Kriegsverbrecher und NSDAP-Funktionäre und später für Vertriebene und Flüchtlinge genutzt wurde. Neben einer seltenen Serie von Farb-Dias und einem Film, der die Ankunft der Amerikaner am 2. April 1945 und die Befreiung von über 8.500 Gefangenen zeigt, sind es eben jene einfachen Alltagsgegenstände, die eindringlich das Leid der

Der Ehrenfriedhof erinnert an die mindestens 15.000 Todesopfer des „Stalag 326".

Inhaftierten dokumentieren. Ein Löffel oder eine Blechdose war häufig das letzte und überlebenswichtige Hab und Gut der Inhaftierten. Heute helfen diese Exponate, deren Andenken zu bewahren und die Geschichte lebendig zu halten.

33 Mal was Neues
Die Universität Bielefeld

Der Entwurf sah etwas Modernes, Weltoffenes, Innovatives vor. Etwas, das die alten Pfade verlässt und grundsätzlich neue Wege beschreitet. Also etwas, das so gar nicht zu den vermeintlich störrischen und aufs Bestehende beharrenden Ostwestfalen passen mag. Der Plan ging auf und die „Uni Bi" mauserte sich zu einer international renommierten Alma Mater.

Eine Reformuniversität sollte sie werden und damit eine Antwort auf die damalige Kritik am deutschen Bildungssystem geben. Eine, die sich von den traditionellen Lehrmodellen abheben und verschiedene wissenschaftliche Disziplinen miteinander verknüpfen sollte. Im Juni 1966 wurde den Bielefeldern per Extrablatt verkündet, dass sich ihre Stadt im Rennen um den Standort einer ostwestfälischen

Hochschule durchgesetzt hatte. Die Gründung der Universität und der Beginn des Lehrbetriebs mit den Fakultäten Mathematik, Rechtswissenschaften und Soziologie erfolgte 1969. Schon in diesen bescheidenen Anfängen zeigte sich die Bielefelder Uni als äußerst unkonventionell, da sie die bundesweit erste und bislang einzige Fakultät für Soziologie beheimatete, die zudem eine der größten wissenschaftlichen Institutionen dieses Fachs in Europa darstellt.

Im Oktober 1972 begannen auf dem Gelände des Voltmannshofes in Großdornberg die Rohbauarbeiten für das Universitätsgebäude, ein Haus mit 6.000 Zimmern. Im September 1976 konnte eine der größten Baustellen des Landes erfolgreich abgeschlossen und übergeben werden. An den Hängen des Teutoburger Waldes erhob sich damit ein 380 Meter langer und 230 Meter breiter Monolith aus Sichtbeton, Stahl und Glas. Die riesige als Kommunikationsforum konzipierte Halle mit Galerie und kammförmig ausscherenden Quertrakten bot unter einem Dach alles, was rund 10.000 Studierende benötigen. Logisch strukturiert, mit allen Einrichtungen inklusive Schwimmbad, Ladenzeile und einer Bibliothek mit über zwei Millionen Bänden entstand ein Gebäude, das den Reformwillen jener Zeit widerspiegelt: eine Denkfabrik. Die Architekten bezeichneten den Koloss aus Betonplatten als „kühle Rationalität“ oder „ästhetischen Minimalismus“, andere sprachen vom „Brutalismus“. Über Aussehen lässt sich bekanntlich streiten, nicht aber über ihre Zweckmäßigkeit, da die Uni auch mit der doppelten Anzahl von Studierenden funktionierte. Und am Rande sei bemerkt, dass seinerzeit die veranschlagten Baukosten von 420 Millionen DM nicht vollständig ausgeschöpft wurden.

Der kühne Plan aus den 1960er-Jahren ging auf. Die Universität in der ostwestfälischen Provinz entwickelte sich zu einer forschungsstarken Institution mit internationaler Ausstrahlung, innovativen Konzepten und lebendiger Interdisziplinarität. Knapp 25.000 Studierende nutzen das veritable Angebot aus 116 Studiengängen und 14 Fakultäten. Und um den gestiegenen Anforderungen an Forschung, Lehre und Studium auch künftig zu entsprechen, wurden bereits mehr als eine Milliarde Euro in Neu-, An- und Umbauten investiert – und kein Ende in Sicht.

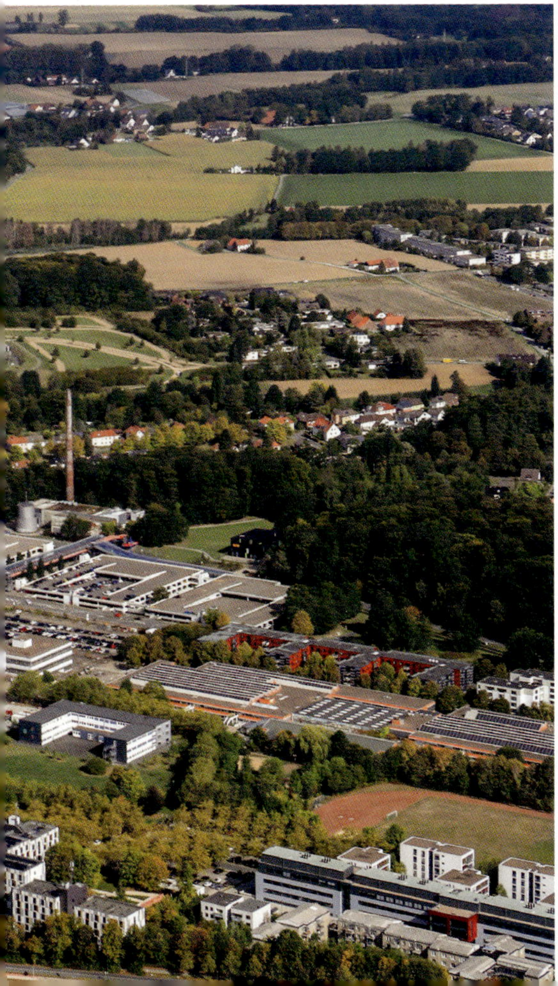

Minimalismus, Brutalismus, Rationalismus: Über das Aussehen der „Uni Bi“ lässt sich bis heute streiten.

34 Architektur-Punk
Museum „Marta Herford“

Man ist sich bis heute nicht ganz einig, was da am Rande der Herforder Innenstadt steht: eine dekonstruktivistische Raumskulptur oder ein fröhlich schlingernder Ozeandampfer, das Klötzchenspiel eines Stararchitekten oder eine Choreografie wirbelnder Formen? Sicher ist jedoch: Das „Marta Herford“ ist der Beweis ostwestfälischer Weltoffenheit und Originalität.

Außen fließende Edelstahlblechdächer und stürzende Mauern aus rotem Ziegelstein; innen eher nüchterne Linien, rechte Winkel und weiß verputzte Wände.

„Marta“, einst originell, heute ein ostwestfälisches Original.

Welch ein Widerspruch, möchte man meinen, ähnlich wie der zwischen Ostwestfalen und einem der innovativsten Museumsbauten der Welt. Doch spätestens seit der Eröffnung im Jahr 2005 wurde klar, dass den Herfordern mit dem Bauwerk an der Goebenstraße ein echter Clou gelungen ist. Mit einiger Verwunderung schauten viele sich ach so fortschrittlich wähnende Kunstmetropolen des Landes auf die kleine Stadt im Herzen Ostwestfalens, wo man doch eigentlich nur mit fetten Schweinswürsten, derber Römerschelte und vielleicht noch feinem Möbelbau rechnet. In der Tat gab die hier ansässige, höchst namhafte Möbelindustrie den Anstoß für einen der ungewöhnlichsten Museumsbauten der Welt. Und für den ursprünglichen Namen: „M“ wie Möbel, „ART“ wie Kunst und „a“ wie Ambiente oder Architektur: „MARTa“, heute schlicht „Marta Herford“, Museum für Kunst, Architektur und Design.

Eigentlich sollte in Herford auf dem Gelände einer ehemaligen Textilfabrik – zur Expo 2000 und zur Stärkung der Region – ein „Haus des Möbels“ entstehen. Vielleicht sogar mit einer tollen Abteilung für Möbeldesign. Gesagt, getan, bald waren rund 30 Millionen D-Mark (!) bewilligt, Zuschüsse in Aussicht gestellt und – dieser kannte jenen und jener jenen – der amerikanische Architekt Frank O. Gehry war mit der Planung beauftragt. Letzterer hatte sich gerade erst mit dem Guggenheim Museum in Bilbao ein viel beachtetes architektonisches Denkmal gesetzt. Ab 2001 nahm er sich die alte Fabrik an der Aa vor, ließ einige Gebäudeteile in ihrer Grundstruktur bestehen und hüllte das Ganze in stürzende Linien, wogende Flächen und wirbelnde Formen. Tatsächlich war das Aufsehen groß, ebenso die Kritik. Und das nicht nur aufgrund des scheinbar haltlosen Architektur-Punks, auch die Kosten von etwa 30 Millionen Euro (!) ließen so manche ostwestfälische Eiche schwindeln.

Im Schweinswürsteherstellen, Römerverhauen und Möbelbauen sind die Ostwestfalen seit jeher ganz vorn dabei und wahre Meister. Seit 15 Jahren nun auch in Sachen Neugier, Offenheit und Experimentierfreude – „Marta“ macht’s möglich. Inzwischen hat sich rings um den krummen Kunsttempel ein lebendiges Viertel gebildet, in dem Büro- und Wohngebäude, Gastronomie und Musikschule miteinander harmonieren und „Marta“-Workshopper auf ihre kreativen Kosten kommen.

35 … und sie dreh'n sich noch
Die Mühlen im Mühlenkreis

„Stark wie hundert Männer" und über Jahrhunderte Energiebündel ohne Konkurrenz. Echte Kraftprotze also, die in Anbetracht ihrer Wirkung auf die Gesellschaft sogar als erste industrielle Revolution gefeiert werden. Der ostwestfälische Kreis Minden-Lübbecke weist die bundesweit größte Dichte funktionsfähiger Mühlen auf: der Mühlenkreis.

Die technischen Wunderwerke, die Naturkraft per Nockenwelle und Holzgetriebe in mechanische Arbeitsleistung verwandelten, kamen vermutlich schon mit den Römern nach Germanien. Längs der rauschenden Bäche und Flüsse duckten sie sich zumeist in tiefe Täler, bevor vermutlich im 11. Jahrhundert die ersten Mühlen entstanden, die ihre Kraft aus dem Wind schöpften. Deren früheste Formen waren vermutlich die Bockwindmühlen, auch Deutsche Mühlen genannt, wie man sie aus den Illustrationen Wilhelm Buschs kennt. Nach und nach setzte man auch in Ostwestfalen immer häufiger auf horizontal bewegte Luft. Bald wuchsen die beflügelten Bauwerke in Ebenen und auf sanften Hügeln empor und wurden zu weithin sichtbaren Landmarken. All die Erdholländer-, Gallerieholländer-, Turm-, Koker- und Paltrock-Windmühlen boten in zahlreichen Spezialisierungen schließlich mehr als 180 Anwendungsmöglichkeiten.

Für das allgemeine Verständnis war die Technik oftmals viel zu komplex, weshalb den meisten Leuten das unnatürliche Klappern und Stampfen der hölzernen Mechanik als unmenschlich, gar teuflisch galt. Zudem kannten sich die Müller erstaunlich gut mit dem Wetter aus, weshalb man in ihnen manchmal sogar mächtige Beherrscher der Elemente vermutete. Auch die meist abseitige, einsame Lage der Mahlbetriebe, in denen gewerkelt und gearbeitet wurde, während rechtschaffene Bürger im Bett lagen, sorgte dafür, dass Mühlen aller Art zum unerschöpflichen Quell von Märchen, Sagen und Legenden wurden, in denen es von dämonischen Wesen nur so wimmelt. Und konnte es denn redlich sein, dass man einen großen Sack Getreide hineingab und nur einen kleinen Sack Mehl herausbekam?

Massenhafte Landflucht, die Gewerbefreiheit und die Aufhebung des Mühlenzwanges führten im späten 19. Jahrhundert zur Aufgabe vieler Mahlbetriebe. Man schätzt, dass es in Deutschland um 1895 noch etwa 16.000 Mühlen gab, 1939 waren es nur noch 4.700. Zwar kam es nach dem Zweiten Weltkrieg zu einem kleinen Comeback der Uralt-Technik, doch spätestens in den 1960er-Jahren war das Mühlenwesen dem Untergang geweiht.

Den traurigen Verfall der einst stolzen Wahrzeichen ihrer Region vor Augen, gründete sich in Minden-Lübbeke bereits 1978 ein Mühlenverein. Mit der Erfahrung alter Müller und der sprichwörtlichen Beharrlichkeit der Ostwestfalen gelang schließlich eine bemerkenswerte Denkmalpflege. Längst hat sich die Bezeichnung „Mühlenkreis" zu einem touristischen Markenzeichen erster Güte gemausert, gibt

Ein Klassiker der Uralt-Technik ist die Bockwindmühle zu Wehe.

es doch nirgendwo in Deutschland eine solche Vielzahl funktionstüchtiger Mühlen. Den Höhepunkt bildet die Mühlenroute, ein 320 Kilometer langer Rundkurs, der mehr als 40 Mühlen unterschiedlichster Bauart zu einem einzigartigen Freiluftmuseum verbindet. Neben den Erläuterungen zur Geschichte und Funktion der technischen Denkmäler geben Mahl- und Backseminare und das hanebüchene Müllerlatein der Freizeitmüller Einblicke in eines der ältesten Handwerke.

36 Von Halophyten und Leckerwerken
Salz aus Salzkotten

Schlichtes, schnödes Salz war einst der Stoff, aus dem die Träume waren. Mit Bernstein aufgewogen und wie Gold gehandelt, veranlasste es allerlei Mühsal und raffinierte Techniken, erweckte Begehrlichkeiten, Raub und Krieg – und gab auch in Ostwestfalen den Anreiz, Städte zu gründen, Handel zu treiben und Reichtümer zu horten.

An der Heder nahe Salzkotten kann man Pflanzenfreunde jauchzen hören, wenn sie weit weg von salzigen Meeresküsten auf die Boddenbinse, den Salzdreizack oder die Salzschuppenmiere treffen. In der Tat befindet sich im Naturschutzgebiet „Sültsoid“ das reichste Vorkommen an Halophyten in ganz Westfalen. Diese charakteristischen Salzpflanzen zeigen untrüglich die Nähe einer Solequelle an. Vermutlich verstanden es bereits unsere Vorfahren in der Jungsteinzeit (4500–2000 v. Chr.), diese Zeichen zu deuten und sich mit essenziellem Natriumchlorid zu versorgen. Zwar lassen die archäologischen Beweise noch auf sich warten, dennoch darf vermutet werden, dass das hiesige Salz schon zu Urzeiten genutzt und sogar schon in Tontiegeln eingedampft wurde.

Ein erster schriftlicher Nachweis der Salzgewinnung geht allerdings erst aus einer bischöflichen Schenkungsurkunde des Jahres 1160 hervor, in der ein Anwesen und drei Siedehäuser in „Soltcoten“ übertragen wurden. In jenen Tagen war die Salzkottener Saline längst ein florierendes Unternehmen, da hier schon seit dem frühen Mittelalter die metallenen Siedepfannen dampften, in denen die Sole der Unitas-Quelle zum „weißen Gold“ gesotten wurde. Die kleine Niederlassung wuchs rasch heran, besonders durch die vom Bischof erzwungenen Umsiedlungen, und erhielt 1247 die Stadtrechte. Und während die Salzarbeiter versuchten, das vornehme Gewürz, das man bereits als „sehr rein, weiß und kräftig“ schätzte, mit allerlei geheimen Zusätzen, neuen Pfannen und noch mehr Holz immer schneller, günstiger und feiner herzustellen, wurde ihre wohlhabende Stadt mehr als einmal zum Spielball der Mächtigen.

1658 sank der Salzgehalt der Quelle merklich ab, sodass man sich erstmals gezwungen sah, umfangreiche Investitionen zu tätigen. Zunächst entstand ein Gießhaus mit 24 kleinen sogenannten Leckwerken, in denen die Sole durch gestapelte Strohballen tröpfelte („leckte“), wobei die Salzkonzentration durch natürliche Verdunstung zunahm. Nach den Plänen des technisch überaus versierten Pastors Korte konnte 1777 auch in Salzkotten das Nonplusultra der Tröpfelgraduierung in Betrieb genommen werden: ein Gradierwerk mit einem effektiveren Schwarzdorngeäst sowie einer ausgeklügelten „Wasserkunst“: Ein gewaltiges Wasserrad, Gestänge, Rohre und Pumpen beförderten die Sole auf die neun Meter hohen Wände und in die Sudpfannen. Mit der effektiveren

Der Nachbau des Salzkottener Gradierwerkes wurde zum 750. Stadtjubiläum 1997 errichtet.

Produktion, die den Bedarf im Fürstbistum Paderborn deckte und auch einen Export darüber hinaus erlaubte, blieb das Salzkottener Salzwerk lange ein moderner und profitabler Betrieb. Erst mit dem günstigen Steinsalz, das sich ab 1850 durchsetzte, war es auch in Salzkotten mit der Herrlichkeit der Sälzer vorbei. 1908 wurde der Betrieb eingestellt, die Anlage 1920 abgerissen. Neben dem Nachbau eines Gradierwerkes und dem geologisch bemerkenswerten Kütfelsen mit plätschernder Unitas-Quelle am heutigen Marktplatz hält ein liebevoll eingerichtetes Salzmuseum die Erinnerung an die „salzigen" Zeiten lebendig.

37 Der Stoff, aus dem die Scherben sind
Glashütte Gernheim

Dass Ostwestfalen einen guten Nährboden für unternehmerische Novitäten bietet, bewiesen zwei Kaufleute schon zu Beginn des 19. Jahrhunderts. Aus dem Nichts erschufen sie an den Hangterrassen der Weser eine Fabrik, die zeitweilig zu den bedeutendsten Industriestandorten Nordwestdeutschlands zählte. Ihr Produkt: Glas.

Es war um 1812, als sich die Bremer Kaufleute Lampe und Schrader in dieser Gegend nach einem geeigneten Ort für ihre industriellen Pläne umschauten. Im nordöstlichen Zipfel von Ostwestfalen wurden sie nahe Petershagen fündig. Das karge Weserufer bot reichlich Platz, eine ideale Fernverkehrsanbindung und stetigen Wind. Binnen weniger Jahre ließen die beiden Unternehmer diverse Betriebsgebäude, eine Fabrikantenvilla sowie „moderne" Häuserzeilen errichten, in denen ihre rund 200 Arbeiter eine weitaus bessere Wohnsituation vorfanden als in den sonst üblichen Bauernkotten. Die benötigte Heizkohle und Rohstoffe kamen, die fertigen Waren gingen per Weserschiff in alle Welt. Zur Vervollständigung der Glashütte entstand 1826 ein 26 Meter hoher kegelförmiger Glasschmelzturm nach englischem Vorbild. Das markante Bauwerk war so konstruiert, dass die steten Weserwinde die Schmelzöfen kräftig anfeuerten und gleichzeitig den Rauch aus der Spitze absogen. In seinem Inneren wurde bei 1.400 bis 1.600 Grad Celsius ein Gemisch aus diversen Grundstoffen zu einer glühend heißen Masse verflüssigt, aus der Glasmacher Hohlkörper bliesen, die dann zu Flaschen, Gläsern oder Fensterscheiben verarbeitet wurden. Nach dem Abkühlen erfolgte die Veredelung mittels Schliff, Gravur und Bemalung. Als besondere Spezialität der Gernheimer waren die farbigen „Überfang-Scheiben" mit eingeschliffenen Mustern gefragt. Ein Großteil der fragilen Waren gelangte, sorgfältig in Weidenkörben, Holzkisten oder Strohhülsen verpackt, über die Weser und den Hafen von Bremen bis nach Übersee.

Der ostwestfälischen Glashütte war Erfolg beschieden, da ihre Produkte dank des technischen Fortschritts immer schneller und auch qualitätsvoller hergestellt werden konnten. War jene spröde, durchsichtige und beständige Substanz zuvor noch ein Luxusgut, so machten die industriellen Produktionsmöglichkeiten aus Glas einen Massenartikel, der bald das Alltagsleben aller sozialer Schichten beeinflusste. Um 1840 lebten hier Hunderte Familien von der Glasproduktion. Trotz beschwerlicher Nachtschichten, umgeben von glühend heißen Öfen und schwefelhaltiger Luft, waren die Arbeitsplätze in der Hütte begehrt, da die Tätigkeit an der Glaspfeife wesentlich besser entlohnt wurde als in vielen anderen Berufen der Frühindustrie.

Nach dem Volksmund soll sich der Name Gernheim daher auch von dem Ausspruch „Ich bin gern daheim" ableiten. Dennoch, bei anwachsenden Transportkosten über die Weser, ohne Bahnanschluss und in einer sich

Der Glasschmelzkegelturm von Gernheim ist einer der letzten in ganz Europa.

verschlechternden wirtschaftlichen Allgemeinlage, erwies sich die Glasproduktion zunehmend als unrentabel. 1877 kam das Aus. Etwa einhundert Jahre lang tat sich der Zahn der Zeit an den Gebäuden gütlich. Erst 1975 wurde das Hüttengelände, in dessen Zentrum sich der mächtige Kegel des Glasschmelzturmes erhebt, einer der wenigen verbliebenen in ganz Europa, als Industriedenkmal einer vergangenen Epoche wiederentdeckt. Heute ist Gernheim ein beliebtes Industriemuseum, das eindrucksvoll die fast vergessene Kunst des Glasmachens bewahrt.

38 Aus Ostwestfalens Pulverkammer
Die Firma Holste

Dieses Pülverchen aus Ostwestfalen kann eindeutig mehr. Es ist die ultimative Allzweckwaffe im Haushalt, Großmutters Wundermittel gegen allerlei Wehwehchen, unerlässlich für bayerische Laugenbrezen, Brausepulverraketen und ägyptische Mumien. Bielefelds Multitalent im Tütchen ist weltbekannt: Kaiser-Natron.

Der kristalline Stoff aus der traditionell grün-weißen Verpackung mit wasserschöpfender Frau und kleinem Zwerg ist untrennbar mit dem Bielefelder Unternehmen Holste verknüpft. Namensgeber war Arnold Holste, der bereits 1825 in der Bielefelder Altstadt einen Kolonialwarenladen eröffnet hatte. In der Blütezeit der hiesigen Leinenindustrie begann die industrielle Massenfertigung von Textilien. 1886 gründete seine Witwe die Firma Arnold Holste Wwe., die mit dem neu entwickelten Wäschepflegemittel „Holste's Bielefelder Glanz-Stärke" rasch Wäschemanufakturen und Privathaushalte in ganz Deutschland eroberte. Daneben sorgten Präparate wie „Kragendoctor", „Plätthülfe" und „Familien-Shampun" für florierenden Absatz. Bis heute bestimmen Reinigungs- und Pflegemittel die umfangreiche Produktpalette des Unternehmens, das seinen Stammsitz 1907 an der Sudbrackstraße bezog.

Glanzstück und Verkaufsschlager aus dem Hause Holste war und blieb das Kaiser-Natron, das Bielefeld zur Pulverkammer Ostwestfalens erhob. Das schlichte Pülverchen aus reinem Natriumhydrogencarbonat, mit dem schon die alten Ägypter ihre Pharaonen für die Ewigkeit präparierten, wird bereits seit 1881 abgefüllt und vertrieben. Ein Pulver für alle Fälle, auf das nicht nur Hausfrauen schwören. Mit ihm lassen sich spielend Fenster, Kochtöpfe und Thermoskannen reinigen, es lässt Kohl und Hülsenfrüchte schneller garen, vertreibt unangenehme Gerüche und lästige Ameisen, wirkt gegen Kopfschmerz, Schweißfüße und Völlegefühl, eignet sich als Backpulver, Waschmittel und Deo-Ersatz, macht Kaffeewasser weich, Eischnee locker und Brause lecker. Echte Fans der geruchsneutralen Prise kennen bis zu 85 verschiedene Verwendungsmöglichkeiten – kurzum: ein Alleskönner mit Herkunft und Tradition.

Eine junge Frau und ein Zwerg an einer Wasserquelle zieren die Natron-Verpackungen bis heute.

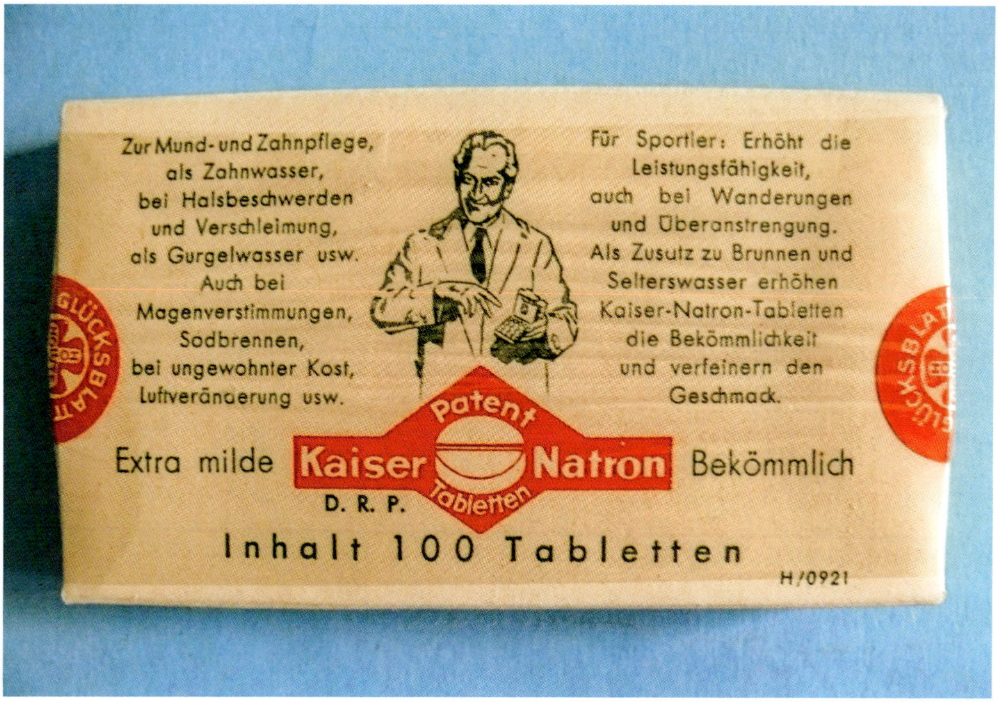

39 Rollen, Rauchen, Reichtum
Die Zigarrenmacher zu Bünde

Auf blauem Samt ruhend, ist sie der Star. Auch wenn sie inzwischen über achtzig Jahre alt ist und ihr Weltrekord überboten wurde, ist die „Bünder Riesenzigarre" nach wie vor imponierend und bis heute ein beliebtes Fotomotiv. Vor allem aber verweist der 1936 gerollte Mega-Stumpen darauf, dass Ostwestfalen über lange Zeit ein bedeutendes Zentrum der europäischen Zigarrenproduktion war.

In den 1840er-Jahren ging es mit dem ostwestfälischen Spinn- und Webergewerbe steil bergab. Baumwolle und rationellere Fabrikwebereien sorgten dafür, dass das häufig in Heimarbeit ausgeübte Handwerk völlig zusammenbrach. Arbeitslosigkeit, Armut und Hunger waren weithin die Folge. Die Rettung der darbenden Weber, von denen unzählige nach Amerika auswanderten, kam überraschend mit den getrockneten Blättern eines Nachtschattengewächses: Tabak. In Bünde war es Georg Meyer, der 1841 die erste Zigarrenmanufaktur errichtete. Ein Jahr später tat es ihm Tönnies Wellensiek nach, dessen sehr erfolgreiches Cigarren-Fabrik-Geschäft ihm später den Ruf als Urheber der Bünder Zigarrenindustrie einbrachte. In einer Kiepe, so will es die Legende, soll Wellensiek die ersten 75 Pfund Rohtabak von Bremen bis nach Bünde geschleppt haben.

Bündes Anbindung über die Weser zum Überseehafen Bremen, der kostengünstige Absatzmarkt als Mitglied des Deutschen Zollvereins und ein Heer Arbeitsuchender boten ideale Voraussetzungen für die Ansiedlung von Tabakfabriken. So wurde das bläulich qualmende Laster zum Retter in der Not. Bald wurden in jedem Haus Zigarren gerollt und die Zigarrenmacherei zum neuen Gewerbe der gesamten Region. Nur zwei Jahrzehnte später zählte man neben der Heimarbeit bereits zwanzig Manufakturen, die jährlich etwa 80 Millionen Zigarren lieferten. Die Zahl der tabakverarbeitenden Betriebe nahm stetig zu und machte Ostwestfalen zur „Zigarrenkiste Deutschlands". 1929 verzeichnete der Zollamtsbezirk Bünde insgesamt 289 Fabriken, die der Stadt zu beträchtlichem Wohlstand gereichten und manchen Unternehmer zum Millionär machten. Die vielen prächtigen im Stadtbild erhaltenen Villen der Fabrikanten zeugen bis heute vom plötzlichen Wohlstand.

Das bereits 1937 gegründete Deutsche Tabak- und Zigarrenmuseum im Striedickschen Hof erzählt von den Unternehmern, ihrem Erfolg, aber auch von den Lebens- und Arbeitsumständen der hiesigen Zigarrenmacher – und wie Bünde schließlich bis zur Mitte des 20. Jahrhunderts seine Weltmarktstellung wieder verlor. Darüber hinaus wird in dem alten Fachwerkgebäude mit zahllosen Rauchutensilien die Geschichte des Tabakgenusses dokumentiert. Neben der einstmals größten Zigarre der Welt sind auch die „Qualm-Instrumente" einiger berühmter Raucher wie „Seeteufel" Graf Luckner oder Hermann Löns ausgestellt.

Das Tabakdenkmal zeigt die „Zigarrenbarone“ August Steinmeister und Tönnies Wellensiek.

40 Pioniere am Braubottich
Die Privatbrauerei Barre

Denkt man an typische lukullische Genüsse, so kommt man in Ostwestfalen an Kartoffeln, Kohl und Wurst nicht vorbei. Die Küche liefert Deftiges, aber auch der Lieblingstrunk, der hier vielen das Herz erfreut, kommt bodenständig daher. Seit rund 180 Jahren beschert sie heimische Gaumenfreuden mit feinherber Hopfennote: die Privatbrauerei Barre.

Leuchtend gelb perlt es in seinem Glas, obenauf eine schaumige weiße Blume. Es hat Charakter, der zu seiner Heimat passt: Spritzig, schlank und elegant finden es die einen, würzig und süffig, meinen die anderen – lecker, sagen die meisten. Doch so sehr das Pils, der Klassiker aus dem Hause Barre, auch geschätzt wird, das Leben der kleinen ostwestfälischen Privatbrauerei ist angesichts gigantischer Brau-Konzerne kein einfaches.

Die Geschichte dieses kulinarischen Highlights mit ostwestfälischen Wurzeln begann im Jahr 1842. Seinerzeit kehrte Ernst Johann Barre nach lehrreichen Jahren in seinen Heimatort Lübbecke zurück, wo er das in Bayern Erlernte kurzerhand in die Praxis umsetzte und den Grundstein für die Bierbrauerei legte. Seine Erfahrung, sein hoher Anspruch an die Qualität und das sehr weiche Brauwasser aus dem Wiehengebirge sorgten dafür, dass Barres Bier in der gesamten Region große Anerkennung fand und sogar einige Konkurrenten ausstach.

Und man bemühte sich stets darum, auf dem neuesten Stand der Brautechnik zu arbeiten. So sorgte Louis Barre, der das väterliche Geschäft 1878 übernahm, maßgeblich für die Weiterentwicklung und Verbreitung der sogenannten Lagerbiere. Die Herstellung und Lagerung dieser

Bier aus Ostwestfalen, nichts weniger als ein kulinarischer Meilenstein.

untergärigen Sorte erforderte besonders niedrige Temperaturen, damit sie ohne Qualitätsverlust über Monate frisch blieb. „Der lange Louis", wie man den Barre-Spross in Lübbecke nannte, erkannte das Potenzial des Lagerbieres und orderte für seine Produktion bereits 1881 eine mit Dampfenergie arbeitende Kältemaschine – als erster Brauer Norddeutschlands überhaupt. Fortan konnte das Barre-Bier ganzjährig hergestellt und problemlos über lange Strecken transportiert werden.

Bedeutendster Abnehmer wurde ab 1885 die Reederei Norddeutscher Lloyd in Bremen. Bald fanden pro Jahr rund 300.000 wachsversiegelte Flaschen ihren Weg über die Weser an die Küste, um per Dampfschiff die durstigen Kehlen an den fernsten Küsten zu erquicken. Die Erfolgsgeschichte der Lübbecker Brauerei konnte trotz Krisen und Kriegen bis in die Gegenwart fortgeführt werden. Heute wird die Brauerei in 6. Generation von Christoph Barre geleitet.

Zum 175. Geburtstag im Jahre 2017 gab sich die Brauerei selbst einen aus: Im liebevoll eingerichteten Brauereimuseum, übrigens dem einzigen in Ostwestfalen, entstand eine Ausstellung zu Ehren des Bierbraupioniers Louis Barre. Neben dem eigens dafür entwickelten „Louis Barre Imperial" kann hier die älteste gefüllte Bierflasche Deutschlands – natürlich ein Barre – bewundert werden. Zum Wohle!

41 Wasser für Westfalens Wüste

Der Boker-Heide-Kanal

Preußens stattlichster Fußabdruck in Ostwestfalen ist über dreißig Kilometer lang und – typisch preußisch – nahezu schnurgerade. Um einen der kärgsten Winkel des Reiches irgendwie nutzbar zu machen, wurde zwischen Paderborn und Lippstadt ein künstlicher Wasserweg angelegt, der die Gegend nachhaltig verändert hat. Heute zählt der Boker-Heide-Kanal zu den bedeutenden technischen Kulturdenkmälern Westfalens.

Wie man die unergiebigen Böden der Sennelandschaft nutzbar machen könnte, darüber sann schon im 11. Jahrhundert der berühmte Paderborner Bischof Meinwerk nach. Doch aus seiner Idee, die sandigen Böden künstlich zu be- und die sumpfigen Bereiche zu entwässern, wurde leider nichts. So blieb die Heidelandschaft bei Delbrück über Jahrhunderte weitgehend menschenleer, öd und wüst. Auch die Ansiedlung von Neubauern zu Beginn des 19. Jahrhunderts war, gelinde gesagt, ein Reinfall. Die Erträge blieben äußerst dürftig, die Siedler lebten unter ärmlichsten Verhältnissen in fensterlosen Erdhütten ohne Ofen und litten unter Hunger und Malaria-Epidemien. Immer wieder wurde von bitterem Elend, umherstreunenden nackten Kindern und grenzenloser Bettelei berichtet. Besonders die Heidelandschaft nahe Boke galt als das Armenhaus Westfalens.

In den 1830er-Jahren legte der westfälische Oberpräsident Ludwig Freiherr von Vincke Pläne vor, wie die Böden verbessert und die Landwirtschaft einträglicher gemacht werden könnte. Doch erst 1850, nach seinem Tod, genehmigte der preußische König die Gelder für das kombinierte Be- und Entwässerungssystem Boker-Heide-Kanal. Von der Lippe bei Schloß Neuhaus abzweigend, durchzieht das künstliche Flussbett die Landschaft fast 32 Kilometer lang, bis es hinter Lippstadt wieder auf die Lippe trifft. 1853, nach dreijähriger Bauzeit, wurde das preußische Vorzeigeprojekt samt seinen 16 Hauptschleusen sowie zahlreichen Nebenkanäle und -gräben in Betrieb genommen – und sorgte für reichlich Probleme. Mal war zu wenig Wasser da, dann wieder kam es zu Überschwemmungen und schließlich führte die Ableitung des Lippewassers zu langwierigen Gerichtsprozessen mit Schifffahrt und anliegenden Mühlen.

Es dauerte Jahrzehnte, die Kosten verdrei- und -vierfachten sich, doch gegen Ende des Jahrhunderts sollten sich erste Erfolge abzeichnen. Auf einem bis zu drei Kilometer breiten Streifen entlang der Kanalanlage entwickelten sich tatsächlich blühende Wiesen, auf denen die Nutzviehhaltung florierte. Die preußische Wasserkunst tat ihren Dienst bis in die 1970er-Jahre und wird bis heute instand gehalten, um das

Am Boker-Heide-Kanal: preußisch, künstlich, schnurgerade und ein angenehmer Ausflugsbegleiter.

Grundwasser zu regulieren. Mit seinen Schleusen und begleitenden Baumreihen ist der preußische Kanal nicht nur ein bemerkenswertes Beispiel dafür, wie die hiesige Landschaft einst methodisch umgekrempelt wurde, sondern auch ein reizvolles Ausflugsziel für Wanderer und Radler.

42 Unter den Weserbergen
Besucherbergwerk Kleinenbremen

In Kleinenbremen unweit von Porta Westfalica darf man ein blaues Wunder erleben. Und man kann erfahren, was das Örtchen mit der Insel Helgoland gemeinsam hat, wie hier ein echter Schatz gefunden wurde und warum gerade hier ein besonderes Kapitel ostwestfälischer Industriegeschichte aufgeschlagen wurde: Untertagebau im Mindener Revier.

Es war vor rund 160 Millionen Jahren, als die Gegend noch ein flaches, lichtdurchflutetes Meer war, in dem sich unter anderem Korallen besonders wohlfühlten. Kleine Partikel dieser Korallen schwappten durch die Fluten, verklebten dabei mit anderen Teilchen und formten sich im ewigen Hin und Her zu winzigen Kügelchen,

die im Laufe der Jahrmillionen meterdicke Schichten bildeten. Dieses ungewöhnliche, von Eisenerz durchsetzte „Eiergestein", der sogenannte Korallenoolith (griech. Oon = Ei, Lithos = Stein), kann bis heute in einem alten Steinbruch bei Kleinenbremen besichtigt werden. Da es sich um ein besonderes Zeugnis der Erdgeschichte handelt, zählt diese Erscheinung neben der Insel Helgoland, dem Nördlinger Ries und den Externsteinen zu den 77 Nationalen Geotopen Deutschlands.

Zunächst war man jedoch weniger an der geologischen Kostbarkeit als an dem im Klippenkalk lagernden Eisenerz interessiert. 1883 begann in der Grube Wohlverwahrt in Kleinenbremen der Abbau des begehrten Rohstoffs. Bis zur endgültigen Stilllegung 1984 bauten Bergleute die bis zu zwölf Meter mächtigen Erzflöze ab und hinterließen eine beeindruckende „Welt aus Gestein". Das Industriedenkmal wurde daher 1988 als Besucherbergwerk neu eröffnet und bietet seither faszinierende Eindrücke von der Bergbau- und Erdgeschichte. Mit einer Grubenbahn geht es unter die Berge, wo man unterschiedlichste Abbautechniken und original erhaltene Betriebsräume entdecken kann. Wie die Kulisse für einen Fantasyfilm öffnen sich in der Finsternis riesige Hallen aus Stein, wo gewaltige Säulen das darüber liegende Gebirge tragen. Und wer sich traut, darf sich in einem ehemaligen Aufenthaltsraum der Bergleute sogar das Jawort geben. An der tiefsten Stelle erscheint schließlich die berauschende „Blaue Lagune", ein unterirdischer, nur sieben Grad kalter See, dem nur erfahrene Taucher in Spezialanzügen auf den Grund gehen dürfen. Nach einer rustikalen Stärkung mit Schwarzbrotstulle und Bergmanns-Fahrschluck geht es übertage auf einen spannenden Lehrpfad.

Im modern gestalteten Museum erwarten den Besucher abermals authentische Einblicke in die 100-jährige Bergbaugeschichte von Kleinenbremen. Dazu werden über- und untertage Gottesdienste und Lesungen, Konzerte und weitere Veranstaltungen angeboten. Noch interessanter wird es, wenn Zeitzeugen hautnah von ihren Erlebnissen berichten und sich an bedeutende Ereignisse erinnern. Und wer nachfragt, der erfährt, was es mit dem königlichen Schatz auf sich hat, der hier einst gefunden wurde.

Mit der Grubenbahn geht es hinein, in die „Welt aus Gestein".

43 Fabrikschloss und Kulturfabrik
Die Ravensberger Spinnerei

Ende der 1960er-Jahre standen die Bagger schon in den Startlöchern. Und nur dank einer engagierten Bürgerschaft konnte die Überbauung eines überregional bedeutsamen Denkmalkomplexes verhindert werden. Wo heute gelernt und getanzt, geguckt und gefeiert wird, sollte damals ein riesiges Straßenkreuz entstehen: die Ravensberger Spinnerei.

Es war in der Tat eine knappe Sache, aber das Engagement verschiedener Bürgervereinigungen kam gerade noch rechtzeitig, sodass der Landeskonservator seine Meinung nochmals überdenken konnte. Tatsächlich erklärte er 1973 „das Ding“, jene „Arbeiterzwingburg“ – wie man den Komplex seinerzeit nannte – samt großzügiger Parkanlage für denkmalwürdig. Zwar sträubten sich die Stadtplaner im Rathaus noch eine ganze Weile und wetterten gegen die Erhaltung von Industriegebäuden als „Spinnerei von Spinnern“. Doch schließlich obsiegte die Idee von einem modernen Bürgerzentrum mit Volkshochschule, Museum und Diskothek sowie einem faszinierenden Ambiente für Tagungen, Kongresse etc.

Aus einer „Spinnerei“ wurde ein modernes Bürgerzentrum.

Der Plan für das markante Fabrikschloss im Osten von Bielefeld geht auf das Jahr 1854 zurück. In jenen Tagen verschärfte ein akuter Absatzeinbruch die ostwestfälische Leinenkrise. Auch in Bielefeld tummelten sich zahllose arbeitssuchende Weber und Spinner, während erfahrene und kapitalstarke Textilunternehmer nach neuen Wegen der Gewinnmaximierung fahndeten. Auf Initiative des führenden Leinenhändlers Hermann Delius kam es zur Gründung der „Raspi“ genannten Ravensberger Spinnerei, deren erste Fabrikgebäude nach nur einem Jahr standen und die bald zur größten Flachsspinnerei Kontinentaleuropas heranwuchs. Am 15. Januar 1857 wurde an der Heeper Straße die erste Schicht gefahren. Angesichts der hohen Mauern mit Zinnenkranz und niedlichen Türmchen im Tudorstil

Die Bielefelder „Arbeiterzwingburg" im idyllischen Schein.

sprach man nur zu gerne vom „Bielefelder Schloss", das Tag für Tag von mehr als 1.500 Arbeitern belebt wurde, die der ostwestfälischen Industrialisierung auf die Sprünge halfen.

Weniger gerne sprach man von den Arbeitsbedingungen, unter denen die Männer, Frauen und auch viele Kinder, von Sirene und Stechuhr im Takt gehalten, täglich schuften mussten. Arbeitsbeginn war 5.30 Uhr in der Frühe, wer nicht spätestens fünf Minuten vorher an seinem Arbeitsplatz stand, wurde schonungslos mit Lohnabzug bestraft. Es folgten zwölf Stunden lang Staub, Lärm und Nässe zwischen gefährlichen Maschinen und gewalttätigen Vorarbeitern. Der Lohn war karg und wer gegen die Regeln verstieß, wurde auf „Schandtafeln" öffentlich gebrandmarkt – der Volksmund bezeichnete das gar nicht märchenhafte Spinnerei-Schloss daher noch lange als „Zuchthaus". Erst 1890 sorgte ein umfassender Streik für einige Verbesserungen.

Dennoch machten die rund 20.000 unermüdlich wirbelnden Spindeln der gewaltigen Spinnstühle Tischdecken und Bettwäsche, Hemden und Krageneinsätze aus Bielefelder Qualitätsleinen zu echten Verkaufsschlagern, die das Leinengewerbe zunächst vor dem Untergang bewahrten. 1973 sollte es noch einige Jahre dauern, bis das Fabrikschloss zur Kulturfabrik wurde und alle Verantwortlichen erkannten, welches Prunkstück sie mit der Erhaltung der „Raspi" für Ostwestfalen bewahrt haben.

44 Spüldienst im Kistenformat
Der Hausgeräteehersteller Miele

Pünktlich zum Schlussakkord des 19. Jahrhunderts machten sich 1899 zwei dreißigjährige Ostwestfalen daran, eine neue Ära der technischen Innovationen aus der Taufe zu heben. In einer alten Kornmühle fertigten die beiden mit ihren elf Mitarbeitern handbetriebene Zentrifugen zur Entrahmung von Milch – und legten damit den Grundstein für ein Weltunternehmen: Miele.

Das Erfolgsrezept von Carl Miele und Reinhard Zinkann war denkbar einfach: Qualitätsarbeit! Und so fanden ihre Milchzentrifugen alsbald den Weg auf die Höfe der Region, wo die „Meteor" von Miele & Cie. wegen ihrer Zuverlässigkeit, Leistung und Langlebigkeit sehr geschätzt wurde und sich durch ihre Qualität von der zahlreichen Konkurrenz auf diesem Segment abhob. Die Firmengründer waren von ihren Produkten sogar so überzeugt, dass sie ihrer Kundschaft als eines der ersten Unternehmen überhaupt eine Garantie gewährten. Von Erfolg und Experimentierfreude angetrieben, entwickelte Miele im Jahr 1900 einen Bottich, in dem ein kinderleicht per Hand angetriebenes Drehkreuz den Milchrahm zu Butter schlägt. Dem Prinzip dieser Buttermaschine folgend, ertüftelten Miele & Cie. schon bald den Prototyp einer neuen Waschmaschine.

1907 erfolgte der Umzug nach Gütersloh, von wo aus bereits 1914 die erste Miele-Waschmaschine mit Elektromotor die Haushalte eroberte. Unermüdlich experimentierten die Ostwestfalen weiter. So entstanden ab 1912 sogar bis zu 28 PS starke Automobile, die Spitzengeschwindigkeiten von bis zu 80 km/h erreichten. Aus Kostengründen wurde die Autofertigung jedoch nach 143 Fahrzeugen eingestellt. Allerdings blieb die Miele & Cie. dem zunehmenden Drang nach Mobilität treu und nahm nach dem Ersten Weltkrieg die Produktion von Fahrrädern auf. Von 1924 bis 1960 rollten 1,2 Millionen Fahr- sowie etwa 500.000 Motorräder aus den Werkstoren in Bielefeld.

Gleichzeitig lief es auch im Segment der Hausgeräte rund. So entstanden bereits in den 1920er-Jahren die ersten Staubsauger und elektrisch betriebene Wäschemangeln. 1929 gelang den ostwestfälischen Konstrukteuren schließlich eine revolutionäre Neuheit, die bis heute mit großer Klappe und leisem Murmeln für Frieden im Haushalt sorgt: die erste elektrische Haushalts-Geschirrspülmaschine Europas. Zugegeben, die ersten Vertreter dieser „anspruchslosen, stets bereiten Helferin" waren nicht ganz billig, weshalb sie zunächst in den gehobenen Haushalten ihr reinigendes Wesen trieben. Mit Beginn der Serienfertigung und der Erfindung der ersten vollautomatischen Geräte eroberte der freiwillige Spüldienst im Kistenformat ab den 1960er-Jahren auch die bescheidenen Küchen der Nation. Inzwischen in vierter Generation ist der ostwestfälische Konzern mit seinen mehr als 20.000 Beschäftigten heute ein

Zunächst handbetrieben, kam 1904 die erste „Miele-Kraftwaschmaschine" auf den Markt.

weltweit tätiger Hersteller von innovativen Hausgeräten. Dem bisschen Haushalt und seinen technischen Helferlein widmet sich am Hauptsitz in Gütersloh das Miele-Museum, wo Abspülen eine Wissenschaft für sich ist.

45 Von der Keilschrift zur KI
Das Heinz Nixdorf MuseumsForum

HNF. Drei Buchstaben, die die neuzeitliche Welt erklären. Mitten in Ostwestfalen hat man es sich zur Aufgabe gemacht, der modernen Informationsgesellschaft auf den Grund zu gehen. Auf 6.000 Quadratmetern führt die spannende Reise durch 5.000 Jahre Informationstechnik: von der Keilschrift bis zur künstlichen Intelligenz. Das Heinz Nixdorf MuseumsForum gilt als das weltgrößte Computermuseum.

Als Bundeskanzler Helmut Schmidt 1980 meinte: „Wer Visionen hat, sollte zum Arzt gehen", hatte der gebürtige Paderborner Heinz Nixdorf seine Visionen längst in die Tat umgesetzt. Weitgehend mittellos, mit abgebrochenem Physikstudium und nur mit einer Idee gewappnet, sprach er 1952 nicht bei einem Mediziner, sondern beim Energieversorger RWE in Essen vor. Und es geschah das Unglaubliche: Man hörte ihm nicht nur zu, sondern gewährte ihm einen Vorschuss von 30.000 D-Mark sowie einen Arbeitsraum, in dem er eine elektronische Recheneinheit für Lochkartenanlagen entwickelte.

Der mit Röhren bestückte Saldierer und Multiplizierer wurde zum Erfolg und legte den Grundstein für ein Unternehmen, das in den 1970er-Jahren zum deutschen Marktführer und viertgrößten Computerhersteller in Europa heranwuchs. Es folgten „Elektronenmultiplizierer", die alle vier Grundrechenarten beherrschten; programmierbare Computer wie der „Logatronic" oder der „Nixdorf 820"; Datentelefone zur Fernübertragung elektronischer Daten, Magnetkartenspeicher, Bankautomaten und vieles mehr. Einzig Nixdorfs Idee eines elektrisch betriebenen Fahrrads vom Anfang der 1980er-Jahre gelangte aufgrund seines frühen Todes 1986 nicht zur Produktionsreife.

Getragen durch die von Heinz Nixdorf gegründete Stiftung „Westfalen", wird in Paderborn noch immer die Wissenschaft und Lehre auf dem Gebiet der Informationstechnik befördert. Noch zu Lebzeiten sammelte der sozial engagierte Computerpionier mehr als tausend historische Objekte, mit denen er den Menschen die Entwicklungsgeschichte der Informationstechnik näherbringen wollte. 1996 eröffnete das HNF und entfaltete sich zu einem innovativen, lebendigen Veranstaltungs- und Lernort, der neben der Vergangenheit und Gegenwart auch Zukunftsvisionen des Informationszeitalters thematisiert. Die Fragen sind elementar: Was sind die Chancen, was die Risiken der smarten Systeme? Und vor allem: Wo bleibt der Mensch?

Das ostwestfälische Forum für Informationen, Innovationen und Visionen.

46 Vom Waldkind zum Superstar
Widukind

Ob man ihn nun als sächsischen Freiheitskämpfer, heidnischen Held oder ruchlosen Aufrührer betrachtet – in Ostwestfalen ist er der Superstar unter den historischen Gestalten. Aber wie das so ist mit Berühmtheiten, es wird viel gemunkelt und getuschelt, doch Gewisses weiß kaum einer von ihm: Widukind, dem Widersacher Karls des Großen.

Tatsächlich sind die zeitgenössischen Quellen, die von den Taten Widukinds berichten, äußerst spärlich. So taucht sein Name in den fränkischen Reichsannalen auf, die für die Jahre von 772 bis 785 von heftigen Kämpfen zwischen den eroberungswütigen Franken und den Schwerter schwingenden Sachsen berichten. Darin wird er als Anführer beschrieben, der Karl dem Großen mehr als neun Jahre lang sowohl Stirn als auch Klinge bot und die sächsischen Aufstände genial organisierte. Am Ende – ja, so ist es überliefert – gab er auf, beugte das Knie und ließ sich taufen.

Doch wer genau Widukind war, wo er lebte und starb, darüber herrscht in allen Quellen Stillschweigen. Umso lebhafter sind die Sagen und Legenden, die sich seit dem Mittelalter um den sächsischen Adeligen woben und Widukind wie seinen Gegenspieler Karl zum Mythos machten. Besonders der Nordosten von Ostwestfalen wurde zum „Widukindland". Dort zwischen Enger, Herford und Minden wird die Erinnerung an ihn bis heute höchst lebendig gehalten. Man ist durchaus überzeugt davon, dass die eigenen Vorfahren von den Sattelmeierhöfen einst Seite an Seite mit dem „großen" Sachsen kämpften, der 807 in der Kirche von Enger bestattet wurde.

In der Tat stammt der älteste Vorgängerbau der Kirche aus der Zeit um 800. Außerdem befindet sich hinter dem Altar ein Sarkophag mit einer Reliefplatte, die Widukind im königlichen Ornat mit Lilien, Zepter und Herzogskrone zeigt. Allerdings wird die Platte, die als eines der frühesten großplastischen Werke in Deutschland gilt, auf etwa 300 Jahre nach seinem Tod datiert. Was auch immer das bedeuten mag – die zahllosen Sagen, das Grabmal und die verklärte Darstellung der Königin Mathilde als Nachfahrin Widukinds, Gründerin des Stifts Enger und Stammmutter der Ottonen, sorgten für einen regelrechten Pilgerverkehr nach Ostwestfalen. Sogar Kaiser Karl VI. ließ es sich nicht nehmen, das Grab des Helden zu besuchen.

Und dann die Gebeine, die in einem Schrein am Grabmal bewahrt werden. Wurden sie nicht sogar während des Dreißigjährigen Krieges vom Bischof von Münster geraubt? Immerhin kehrten die angeblichen Reliquien zurück, aber nur, um in den 1970er-Jahren einwandfrei festzustellen, dass es sich um die Knochen einer unbekannten jungen Frau handelt. Die letzte Hoffnung richtet sich nun auf drei Gräber, die bei archäologischen Untersuchungen im Chor der Kirche entdeckt wurden. Darin identifizierten die Archäologen drei miteinander verwandte

In Herford erhebt sich ein Denkmal des ostwestfälischen Helden, sagenhaft mit Flügelhelm, Speer und Rauschebart.

Männer, die um das Jahr 800 beigesetzt wurden.

Was geschah, nachdem das Kind des Waldes, so die Bedeutung seines Namens, die Taufe empfangen hatte? Führte Widukind in der Ferne ein zurückgezogenes Leben? Lebte er auf ausgedehnten Gütern? Übernahm er gar ein Grafenamt? Oder wurde er mit erzwungener Tonsur in ein Kloster gesperrt? Ist es so unwahrscheinlich, dass er als alter Mann nach Ostwestfalen zurückkehrte und in seiner befestigten Kirche zu Enger seine letzte Ruhestätte fand? Ein Museum unweit der Grabstätte stellt diese und noch viel mehr Fragen.

47 Hirte, Herrscher, Architekt
Bischof Meinwerk

Pech gehabt, aber so war es üblich, auch in den Kreisen des sächsischen Hochadels: Wer zu spät kommt, hat das Nachsehen. Und so hatte Grafensohn Meinwerk (976–1036) keine Chance, die väterlichen Würden zu erben. Man bestimmte ihm daher eine geistliche Laufbahn. Welch Glück für die Stadt Paderborn, der er als einfallsreicher Bischof ein völlig neues Image verpasste.

Nach der Domschule von Halberstadt besuchte der Adelsspross der Immedinger die Schule am Dom zu Hildesheim, wo er, wie es der Zufall wollte, gemeinsam mit dem späteren König und Kaiser Heinrich II. die Schulbank drückte. Es war der Beginn einer lange währenden Freundschaft. Meinwerk wurde anschließend Kanoniker am Halberstädter Dom und gelangte 1001 als Kaplan an den kaiserlichen Hof Ottos III. nach Aachen. Ottos Nachfolger, sein Schulfreund Heinrich, schlug ihn nach dem Tod des Paderborner Bischofs als dessen Nachfolger vor. Am 13. März 1009 erhielt Meinwerk die Weihe zum Bischof und trat sein Amt in dem ebenso unvermögenden wie unbedeutenden Bistum an der Pader an.

Dort erwarteten ihn sowohl geistliche als auch weltliche Aufgaben. Diese doppelte Bestimmung der Bischöfe war in der Reichskirche jener Tage untrennbar verknüpft und galt als perfekte Institution. Meinwerk sollte dieses Bischofsideal in hervorragender Weise verkörpern. Als Lehnsherr des Königs leistete er Hofdienste, stellte Soldaten zur Verfügung und begleitete sowohl Heinrich II. als auch dessen Nachfolger Konrad II. auf mehreren Kriegszügen und Reisen. Zudem engagierte er sich für König und Reich, indem er an zahlreichen Versammlungen, Hoftagungen und Synoden teilnahm. Die Monarchen zollten ihm dafür Zuwendungen zahlreicher Lehen und ehrten Paderborn öfter als ein Dutzend Mal mit kaiserlichem Besuch.

Um seinem Auftrag als Seelsorger nachzukommen, war Meinwerk häufig in seinem Bistum unterwegs, überprüfte den Glauben der eingesetzten Geistlichen, führte gelehrte Gespräche über Predigt, Sakramente und das sittliche Leben der Kleriker und scheute sich nicht, in das Klosterleben einzugreifen. So wird berichtet, dass er die Mängel der Verwaltung listig auskundschaftete und streng ahndete. Um Vorsorge für sein eigenes Seelenheil zu treffen, gründete Meinwerk u.a. das Benediktinerkloster Abdinghof mit der Petrus und Paulus gewidmeten Kirche, in deren Krypta er seine letzte Ruhestätte zu finden hoffte.

Überhaupt trat Meinwerk neben seinem regen Wirken als kirchlicher Oberhirte und weltlicher Herrscher besonders als Bauherr und Stadtplaner hervor. Dank seines ererbten Vermögens und klugen Erwerbssinns war es ihm möglich, diverse imposante Bauwerke errichten zu lassen, die die Stadt noch immer prägen. So entstand in seiner

Unter dem Paderborner Dom fand der bemerkenswerte Bischof, Baumeister und Gelehrte seine letzte Ruhestätte.

Amtszeit auch die neue Kaiserpfalz mit der kleinen Bartholomäuskapelle, für die er griechische Werkleute verpflichtet hatte, die byzantinische Formen nach Ostwestfalen brachten. Der Sakralbau gilt als älteste Hallenkirche Deutschlands. Meinwerks Plan war es, den gesamten Stadtgrundriss in Form eines Kreuzes auszubilden, dessen Schnittpunkt der unter ihm neu errichtete Dom markierte. Den westlichen Kreuzbalken stellte die Abdinghofkirche dar, den östlichen das ebenfalls von ihm gegründete Kanonikerstift am Busdorf. Die zugehörige Kirche wird als außergewöhnlich beschrieben, da sie mit ihrem achteckigen Zentralbau als Nachbildung der Grabeskirche in Jerusalem konzipiert war. Auch wenn Bischof Meinwerk das Abbild des christlichen Weltkreises in seiner Stadt nicht vollenden konnte, so legte er dennoch ein beständiges Fundament für die weitere Entfaltung seines Bistums. Er wirkte keine drei Jahrzehnte, doch diese wirken auch noch nach tausend Jahren nach.

48 Der Edle und die „schlauen Jungs"
Moritz von Büren

Der rechte Glaube war längst keine Glaubenssache mehr. Reformieren? Nicht reformieren? Weiter reformieren? Das waren Entscheidungen von Macht und Politik, die auch in Ostwestfalen lange für Brisanz sorgten. Und war die Richtung entschieden, dann galt es, dafür zu sorgen, dass Nachkommen und Untertanen dem beschrittenen Weg treu blieben.

In dem kleinen ostwestfälischen Städtchen Büren des Jahres 1610 machte sich Trauer breit, lag doch Edelherr Joachim von Büren schwer gichtgeplagt darnieder. Man erwartete sein baldiges Ableben. Die Glaubensfrage in seinem Hoheitsgebiet war entschieden, seit sein Vater 1568 der reformierten Kirche beigetreten war. Seit über vierzig Jahren hielt die Herrschaft Büren an der protestantischen Konfession fest, auch wenn sich der aktuelle Paderborner Landesherr längst wieder dem Katholizismus zugewandt hatte. Um seinen 1604 geborenen Sohn Moritz für die zu erwartenden Religionskämpfe mit dem Bischof zu rüsten, bestimmte Joachim von Büren zwei einflussreiche, im reformierten Glauben sehr engagierte Fürsten als Taufpaten. Als er nun das Zeitliche segnen sollte, ließ er seine Frau Elisabeth kommen, die ihm am Sterbebett und im Beisein von vierzig Zeugen schwören musste, das reformierte Bekenntnis weiterhin zu fördern und ihren gemeinsamen Sohn calvinistisch zu erziehen.

Joachim starb, doch sein letzter Wunsch war keineswegs Befehl. Der amtierende Fürstbischof Dietrich von Fürstenberg setzte dem kleinen Moritz kurzerhand zwei überzeugte Katholiken als Vormünder vor die Nase. Und nur drei Jahre später trat auch Bürens Witwe mit ihren Kindern zum katholischen Glauben über. Bald waren auch die letzten „calvinistischen Wölfe" aus den Landgemeinden vertrieben. Die verlässlichen Jesuiten sorgten dafür, dass die reformierten Seelen wieder zur katholischen Kirche zurückfanden. Und während sich Bürens Mutter Elisabeth zu einer unerbittlichen Gegnerin jeglichen evangelischen Glaubens aufschwang, drückte der neunjährige Moritz die Schulbank des von Jesuiten geführten Gymnasiums in Paderborn. So geprägt, wurde der junge Edelherr ein eifriger Katholik, dessen größter Wunsch es bald war, der Societas Jesu (SJ, Gesellschaft Jesu) anzugehören. Nach scheinbar ewigem Hin und Her, diversen politischen Erwägungen und wirtschaftlichen Kalkulationen nahmen ihn die „schlauen Jungs", wie die Jesuiten aufgrund des Ordenskürzels SJ volkstümlich genannt wurden, schließlich im Jahr 1644 auf. Zuvor hatte Moritz von Büren in seinem Testament – einen schlichten Verzicht auf sein umfangreiches Erbe hatte ihm Rom nicht gestattet – die Gesellschaft Jesu als Universalerben eingesetzt.

Aber obwohl dieser letzte Wille von Edelherr Moritz alias Pater Mauritius hieb- und stichfest niedergelegt worden war, sollten sich die Zwistigkeiten mit dem Bischof bis weit über seinen Tod im Jahr 1661 hinziehen. Erst 1714 gelangte der Jesuitenorden nach endlosen Querelen in den Besitz der Herrschaft Büren und begann zeitnah damit, dem testamentarischen Wunsch des letzten Edelherrn zu entsprechen und ein prächtiges Studienkolleg (1717–1724) zu errichten, mit dem die kleine Landgemeinde zur „Jesuitenstadt“ und einem Herzstück der schulischen Bildung in ganz Ostwestfalen heranwuchs. Und erst im Jahre 1771, über ein Jahrhundert nach seinem Dahinscheiden, sollten die Jesuiten eine weitere testamentarische Verfügung des letzten Edelherren von Büren vollendet haben, den Bau einer Marienkirche. Nur zwei Jahre später löste der Papst den Orden auf.

Ein Relief erinnert an „Moritz, Frei- und Edler Herr zu Büren, Herr zum Ringelstein, zur Geist und zu Vollbrexen“.

49 Architektur in Ekstase
Matthäus Daniel Pöppelmann

Beschwingt und üppig kam er daher, jener Baustil, mit dem sich Herrscher ab dem ausgehenden 17. Jahrhundert architektonisch huldigen ließen. Wer die gestaltreiche Fülle des Barocks und Rokokos erleben will, kommt an Dresden nicht vorbei – und an Ostwestfalen, wo einst die Wiege des genialsten Baumeisters jener Epoche stand.

Nach dem Dreißigjährigen Krieg war von dem einstigen Vermögen der alteingesessenen Herforder Familie Pöppelmann nicht mehr viel geblieben. So wuchs der 1662 geborene Spross Matthäus Daniel in eher bescheidenen Verhältnissen auf, besuchte das Gymnasium und begab sich 18-jährig in die weite Welt. Als Wandergeselle gelangte er nach Sachsen, wo er 1680 am kurfürstlichen Bauamt eine Anstellung als unbezahlte Hilfskraft erhielt. Seinen Lebensunterhalt verdiente er mit einem höchst risikoreichen Geschäftsmodell: Finanziert durch eine Ausschankkonzession, errichtete er auf eigene Kosten Bürgerhäuser, um sie gewinnbringend zu verkaufen. Nach sechs Jahren beförderte ihn die Behörde zum Bauleiter. Fast zwei Jahrzehnte lang musste er sich nun mit zumeist niederen Tätigkeiten begnügen, bevor man seine wahren Fähigkeiten erkannte.

1705 erhob man den Ostwestfalen zum Landbaumeister und übertrug ihm sogleich die Planung eines neuen Residenzschlosses. Das Talent fiel auf, auch dem sächsischen Kurfürsten August dem Starken, der Matthäus Daniel Pöppelmann höchstpersönlich auf Bildungsreisen nach Wien, Rom und Neapel, später nach Paris, Belgien und Holland entsandte. 1711 begannen die Bauarbeiten am Dresdner Zwinger, wobei ihm der begnadete Barockbildhauer Balthasar Permoser als Kollege zur Seite stand. Das kongeniale Team schuf ein weltweit einzigartiges Ensemble, womit es sich in der Architekturgeschichte verewigen sollte. Anlässlich der kurprinzlichen Vermählung mit der Habsburger Kaisertochter wurden erste Teile des barocken Bauwerkes bereits 1719 mit einem mehrwöchigen Fest eingeweiht. Nach der Fertigstellung 1728 nutzte August der Starke die Galerien, um seine vielfältigen Sammlungen auszustellen.

Neben seinem Hauptwerk hatte Pöppelmann auch das Japanische Palais in Dresden, die Schlösser Pillnitz und Großsedlitz, den Umbau des Jagdschlosses Moritzburg, das Stift Joachimstein und die Dresdner Augustusbrücke zu verantworten, um nur seine bedeutendsten Arbeiten zu nennen. Zudem zeichnete er zahllose Baupläne, die erst sehr viel später eine Ausführung erfuhren, wohingegen sein erster Entwurf, die Planung eines neuen Residenzschlosses, nie umgesetzt wurde. Als Oberlandesbaumeister ab 1718 oblagen ihm zudem profane Staatsbauten, darunter Deiche, Straßen

Ein Ostwestfale, der auszog, das kurfürstliche Dresden in ein Gesamtkunstwerk zu verwandeln.

und verschiedene Brücken für die neue Eilpostlinie. Auch diverse kurfürstliche „Spezialaufträge“ kamen hinzu, wofür der Baumeister kurzlebige Kulissen der höfischen Prachtentfaltung kreierte. Seine wohl ungewöhnlichste Aufgabe erhielt Pöppelmann 1730, als er die Architektur für das sogenannte Zeithainer Lustlager gestaltete, darunter einen riesigen Ofen, in dem für die 20.000 Gäste ein 1,8 Tonnen schwerer Dresdner Stollen gebacken wurde.

Im Oktober 1734 quittierte Matthäus Daniel Pöppelmann seinen Dienst bei Hofe, erkrankte bald darauf und starb am 17. Januar 1736. Es war ein Kaufmannssohn aus Ostwestfalen, der Dresden zu Elbflorenz gemacht und in ein Gesamtkunstwerk des Hochbarocks verwandelt hat, dessen Heiterkeit und Vielfalt die Besucherscharen bis heute entzückt. Und auch wenn seine architektonische Glorie nicht bis nach Ostwestfalen strahlt, so gedenkt man seiner dort voller Stolz.

50 Der Verseschmied der Ostwestfalen
Friedrich Wilhelm Weber

Die Idylle am Fuße des Eggegebirges dürfte am Weihnachtstag des Jahres 1813 nahezu perfekt gewesen sein, als dem Förster von Ahlhausen ein Sohn geboren wurde. Wie stolz die Eltern wohl gewesen wären, hätten sie ahnen können, dass hier ein kundiger Arzt, beliebter Politiker und obendrein Bestsellerautor in der Wiege lag, über den man noch in 200 Jahren schreiben würde.

Lange bevor Friedrich Wilhelm Weber († 1894) im Jahr 1842 in seine Heimat bei (Bad) Driburg zurückkehrte, um seine Karriere als viel beachteter Mediziner und Stadtverordneter im preußischen Landtag zu beginnen, galt seine innigste Zuneigung der Dichtkunst. Schon als Schüler und Student schmiedete er Verse und übersetzte nordische Lieder und Gedichte, die ihm sogar die Bewunderung des jungen Gustav Freytag eintrugen, der seinerzeit mit ihm in Breslau studierte. Weber selbst betrachtete sein Talent lediglich als erquickenden Ausgleich, eine Art heimliches Hobby, mit dem er sich nur unter Pseudonym in die Öffentlichkeit wagte.

Im Frühjahr 1867 schließlich gab Sanitätsrat Weber seine meisten Tätigkeiten auf und nahm das Angebot eines edlen Gönners an, der ihm ein Schloss in Thienhausen bei Pyrmont zur Verfügung stellte. Erst dort, in der Einsamkeit der alten Schlossbibliothek, begann der Autor Friedrich Wilhelm Weber erneut, sich seinen Lieblingsstudien hinzugeben. Feinfühlig übersetzte er weitere Gedichte und Lieder der Nordländer und sann dabei über Größeres nach. Doch erst 1878 trat er 65-jährig mit einem ureigenen Werk ins Rampenlicht der Öffentlichkeit. Mit seinem 200-seitigen Gedicht-Epos „Dreizehnlinden" avancierte Weber binnen kürzester Zeit zum bedeutendsten Dichter Westfalens, Ehrendoktorwürde inklusive. Das poetische Drama in 25 Gesängen kam bei der Leserschaft so gut an, dass es 1891 schon die 50. Auflage erleben sollte – ein Millionenseller und bis in die 1950er-Jahre Pflichtlektüre. So mancher Schüler jener Tage weiß bis heute den Auftakt zu zitieren: „Wonnig ist's, in Frühlingstagen/Nach dem Wanderstab zu greifen".

Danach wurden die Weber'schen Verse weitestgehend vergessen. Zu Unrecht, denn sein berühmtestes Werk, in dem es um den Endkampf der heidnischen Sachsen gegen die christlichen Franken geht, hat alles, was auch ein zünftiges Historienabenteuer unserer Tage ausmacht: Mit viel Fantasie und realen Orten seiner ostwestfälischen Heimat – so steht das titelgebende Kloster Dreizehnlinden für das Kloster Corvey –, ließ der Dichter das Gute gegen das Böse antreten. Ein wackerer Held, der um die still weinende Maid kämpft und dessen hehre Liebe von feigem Brandanschlag, verlogener Klage und einem vergifteten Pfeil verdorben werden soll, trifft auf den weisen Alten und die mächtige Seherin – „Runensang und Racherufe" hallen durch den ostwestfälischen Nethegau … Mehr davon in der Buchhandlung Ihres Vertrauens.

Die Karriere eines Ostwestfalen: Dichter wird Arzt, Arzt wird Politiker, Politiker wird Dichter.

51 Ein Ort der Hoffnung
Friedrich von Bodelschwingh

Mitte des 19. Jahrhunderts nahm die Industrialisierung auch in Ostwestfalen Fahrt auf. Unzählige Fabriken schossen aus dem Boden und schufen eine „Weltordnung der Selbstsucht, der Habsucht und des Mammons". Wer nicht mithalten konnte, war verloren. Nur auf einem kleinen Hof nahe Bielefeld wurde den Schwächsten eine Chance geboten. Ein unscheinbarer Ort namens Bethel.

Während sich Dampfmaschinen und Arbeitssirenen zu den neuen Taktgebern der Gesellschaft aufschwangen, gründete die Innere Mission nahe der Leinenstadt am Teutoburger Wald im Jahre 1867 ein Heim für epilepsiekranke Menschen. Hier wollte man „Fallsüchtigen" und „Anfallskranken" eine neue Heimat geben und hoffte, ihre Leiden bei guter Luft und christlicher Lebensführung zu lindern. 1872 übernahm der evangelische Theologe Friedrich von Bodelschwingh (1831–1910) die Leitung der kleinen, inzwischen bereits völlig überfüllten Anstalt. Trotz unendlicher Widrigkeiten entwickelte sich unter der Direktion von Bodelschwinghs und seiner Nachfolger ein Ort der gelebten Nächstenliebe, der weithin seinesgleichen suchte. 1910, als Friedrich von Bodelschwingh d. J. das Amt seines Vaters antrat, zählte die Kolonie bereits 67 Pflegehäuser, 30 Wirtschaftsgebäude und 80 Wohnhäuser sowie sämtliche notwendigen Einrichtungen vom Baubetrieb bis zur Wäscherei.

Mit beispielloser Tatkraft erwuchs zu Füßen des Bielefelder Burgbergs ein beeindruckender Komplex von Kranken- und Fürsorgeanstalten, Kliniken und Forschungsinstituten, Arbeiterkolonien, Erziehungsheimen und Schulen. Heute stellen die von Bodelschwinghschen Stiftungen Bethel nichts weniger als das größte diakonische Unternehmen Europas dar.

Mit Glauben und Hoffnung schuf Friedrich von Bodelschwingh einen Meilenstein gelebter Nächstenliebe. ▸

52 And the Oscar goes to … Friedrich Wilhelm Murnau

„Sunrise". Gleich drei der berühmten amerikanischen „Goldjungs" konnte dieser Film zur allerersten Oscar-Verleihung der Akademie 1928 einheimsen – und ist dennoch in Vergessenheit geraten. „Sunrise" ist das Meisterwerk eines gebürtigen Ostwestfalen, das von der internationalen Filmkritik bis heute als einer der besten Filme aller Zeiten gefeiert wird.

Doch alle Anfänge sind schwer. Auch für den Mann, der mit revolutionären Bildmontagen und subtiler Kameraführung das Hollywood der 1920er-Jahre eroberte und Cineasten noch immer zu begeistern vermag. Friedrich Wilhelm betrat 1888 in der Bielefelder Bahnhofstraße die Bühne der Welt als Spross des wohlhabenden Tuchhändlers Plumpe. Schon im Kindesalter begeisterte er sich für die fantastischen Welten, die ihm Puppenspiel, Theater und Literatur eröffneten. Auch in Kassel, wohin die Familie schon bald verzog, blieb Friedrich Wilhelm ein Träumer. Nach dem Gymnasium zog es ihn zum Studium nach Berlin und Heidelberg, wo er sich mit seinen Kommilitonen auf kleinen Theaterbühnen versuchte. In einer Aufführung wurde der berühmte Regisseur Max Reinhard auf den gebürtigen Ostwestfalen aufmerksam, ermöglichte ihm den Besuch einer Schauspielschule und gestattete ihm, sich als Mime und Regieassistent zu beweisen. Bald brach Friedrich Wilhelm Plumpe mit seinem Elternhaus, das weder sein kreatives Talent noch seine homosexuelle Neigung tolerierte, und benannte sich nach einem kleinen Ort am Staffelsee: Murnau. Nach dem Ersten Weltkrieg, den er als Kampfflieger inklusive acht Abstürze überlebte, kehrte er 1919 nach Berlin zurück, um seine Träume zu realisieren und die Filmkunst zu revolutionieren.

Bereits 1922 flimmerte F.W. Murnaus wohl bekannteste Arbeit über die Leinwand. Der tonlose Streifen „Nosferatu. Eine Symphonie des Grauens" stellt einen Meilenstein der Filmgeschichte dar, von dessen innovativem Spiel aus Licht und Schatten sich Filmemacher, Video- und Fotokünstler bis heute inspirieren lassen. Zudem schuf der Regisseur mit jener schwarz gewandeten Kreatur mit kahlem Schädel, spinnenartigen Klauen und langen Zähnen eine Figur, die das Gruseln in die Kinosäle brachte. Diese Adaption des Dracula-Stoffs bildete die Geburtsstunde des Vampirfilms, eines Genres, das selbst im digitalen Zeitalter noch längst nicht ausgedient hat. Als Murnau für „Der letzte Mann" im Jahr 1924 erstmals eine „fliegende Kamera" einsetzte, erkannten auch die amerikanischen Studiobosse das deutsche Regiegenie. „Ich folgte dem Angebot nach Hollywood, weil ich glaubte, dass man immer noch etwas lernen kann", fasste der Deutsche seinen Sprung nach Amerika später zusammen. Auch das: oscarreif!

Mit dem Aufkommen des Tonfilms nahmen der wirtschaftliche Druck und die Einflussnahme der Studios zu. Also

Ein Meister der Illusion und ein Genie der Regie, Oscarpreisträger und Ostwestfale.

finanzierte Murnau seinen Karibikfilm „Tabu" von 1931 aus eigener Tasche. Das Risiko hatte sich gelohnt, Hollywood war beeindruckt und bot ihm einen Zehnjahresvertrag. Wenige Tage vor der Premiere seines Films verunglückte das Filmgenie aus Ostwestfalen bei einem Autounfall und starb. Bei seiner Beisetzung in Berlin waren lediglich elf Trauergäste anwesend, darunter die Regisseure G.W. Pabst und Fritz Lang, Oscar-Preisträger Emil Jannings und Hollywood-Ikone Greta Garbo. Nach langem Vergessen in seiner Geburtsstadt macht sich seit 1988 die F.-W.-Murnau-Gesellschaft um die Erinnerung und Erforschung des einflussreichen Filmschaffenden verdient. 2012 wurde dem Mann, der das Gruselkino erfand, ein Stern auf dem Boulevard der Stars in Berlin gewidmet.

53 Steckrüben und Emotionen
Peter August Böckstiegel

Die Kornstiegen auf dem Feld, die vom Leben gezeichneten Gesichter, das Selbstporträt mit rotem Bart und die wiederkehrenden Sonnenblumen locken Besucher aus der ganzen Welt nach Ostwestfalen. Peter August Böckstiegel war unverkennbar ein Fan des großen Vincent van Gogh, fand jedoch mit scharfen Linien und spannender Farbigkeit seine ureigene Ausdruckskraft.

Was heute häufig als Idylle dargestellt wird, war gegen Ende des 19. Jahrhunderts eine harte Realität, in der Kleinbauern und Leineweber ihr Dasein

in einfachsten Verhältnissen fristeten. Im abgelegenen Arronde bei Werther, wo Wälder, sanfte Hügel und kleinteilige Felder noch heute die Landschaft prägen, kam Peter August Böckstiegel als fünftes von sechs Kindern zur Welt. Die Voraussetzungen für eine Karriere als Künstler konnten widriger nicht sein. Dennoch erkannte man seine schöpferische Begabung bereits in der Volksschule. Er durfte daher ab 1907, nach erfolgreicher Maler- und Glaserlehre im benachbarten Bielefeld, die dortige Kunstgewerbeschule besuchen. Auch hier offenbarte sich sein außergewöhnliches Talent, das die Lehrer zu fördern verstanden.

Bereits 1912, als er in Köln erstmals auf die Werke van Goghs traf, und im Jahr darauf, als er an die Akademie der Bildenden Künste nach Dresden wechselte, hatte Böckstiegel längst zu seinem eigenen Stil gefunden: kantig, dramatisch, emotional. Sein Sujet: Steckrüben, Kartoffeln und harte Arbeit, Bäume, Felder und der weite Himmel. Der Maler blieb trotz des großstädtischen Lebens in Dresden den Attributen seiner Heimat stets verhaftet, mit deren Darstellungen er sich in der Weimarer Republik zu einem wichtigen Vertreter des späten Expressionismus entwickelte. Als Mitglied der „Dresdner Sezession Gruppe 1919" um Otto Dix war Böckstiegel auch der politischen Avantgarde verbunden, was ihn für die Nazis verdächtig machte, die seine Arbeiten als „entartet" diffamierten.

Als schließlich sein Atelier mitsamt vielen seiner Werke einem Bombenangriff zum Opfer fiel, kehrte er 1945 in seine Heimat zurück und baute sein Elternhaus zu einer bunten Künstlerwerkstatt um. Nach seinem Tod im März 1951 stand sein leuchtend rot gestrichenes Wohnhaus offen und die Öffentlichkeit konnte sich vom außerordentlich breit gefächerten Schaffen des „van Goghs Ostwestfalens" überzeugen. Seit 2018 steht dem „roten Haus" ein auffallend moderner Museumsbau zur Seite, in dem Böckstiegels rund 1.300 Werke umfassender Nachlass nun endlich seine verdiente Würdigung erfährt – inmitten jener Landschaft, die für den Künstler so prägend war.

Das einstige Künstlerhaus wurde zu einem beliebten Kunstmuseum.

54 The River Weser
Jacob Pins

Seine eindrücklichen Arbeiten sind in den weltweit bedeutendsten Kunstsammlungen von New York über London und Köln bis Moskau zu Hause – und in Höxter. In seiner Geburtsstadt an der Weser mahnen die Werke von Jacob Pins, dass trotz schlimmster Erfahrungen Freundschaften entstehen können und Aussöhnung möglich ist.

Ida und Leo Pins waren in Höxter wohl geachtet und zählten zum jüdischen Bürgertum, das über 700 Jahre lang das gesellschaftliche Leben der Stadt mitgeprägt hatte. Sie waren modern, längst assimiliert und nannten ihre Söhne Otto (*1917) und Rudolf (*1920). Doch nach der Machtübernahme durch die Nationalsozialisten ahnte man auch in Höxter, dass Juden bald nicht mehr sicher sein würden. Als die Schikanen zunahmen, schickten die Pins ihren Jüngsten 1934 in die USA. 1935 ließ auch Otto das Gymnasium in Höxter hinter sich und bereitete sich in Stettin auf die Auswanderung nach Palästina vor. Nach einem kurzen Besuch bei seinen Eltern reiste er im August 1936 aus, er sollte sie nicht wiedersehen. Sie wurden im Dezember 1941 mit den übrigen Juden aus Höxter nach Riga deportiert und dort 1945 ermordet.

Im fernen Palästina änderte Otto Pins seinen Vornamen in Jacob um und schlug sich als Tagelöhner durch. 1941 schien die Lage hoffnungslos. Doch obwohl völlig mittellos und von diversen Krankheiten gehandicapt, entschloss er sich gegen den Rat vieler, Kunst zu studieren. „Nur meinem westfälischen Dickkopp ist es zu danken, dass ich nicht aufgab und nach unendlichen Mühen erreichte, dass ich ein kleines Stipendium bekam", erinnerte er sich später. In Jerusalem erkannte man sein Talent und förderte ihn. 1945 fanden seine Holzschnittarbeiten den Weg in eine Galerie – der Beginn einer großen Karriere. Jacob Pins fand als Maler, Grafiker und vor allem als Holzschneider weltweite Anerkennung. Es folgten zahllose Ausstellungen, renommierte Kunstpreise und schließlich die Kunst- und Design-Professur in Jerusalem.

Und obwohl er dort einst Demütigungen erdulden musste und seine Eltern von dort aus in den Tod geschickt worden waren, vermisste er seine Heimat und machte sie zu einem Thema seiner Arbeiten. 1959 kehrte er, auf der Suche nach seiner Kindheit und Jugend, erstmals in seine Geburtsstadt zurück. Die Besuche häuften sich und er sorgte dafür, dass seine Werke 1967 erstmals auch in Deutschland gezeigt wurden, in Höxter. Es folgten weitere Ausstellungen, Besuche und Gegenbesuche, es entwickelten sich intensive Freundschaften. Im Jahr 2002, Pins war inzwischen zum Ehrenbürger ernannt worden, übereignete er einen großen Teil seiner Werke an seine Heimatstadt. Die mehrere Hundert Grafiken, Aquarelle und Holzschnitte umfassende Schenkung wird von einem eigens gegründeten Verein verwaltet und seit 2008 im „Forum Jacob Pins" verwahrt und gezeigt.

Mehrfach widmete sich Jacob Pins dem Fluss Weser.

Der prominente Künstler widmete seine Stiftung vor allem dem Gedenken an das Schicksal seiner Eltern. Um dem zu entsprechen, wurde eine Dauerschau eingerichtet, die das jüdische Leben in Höxter nachzeichnet und die Erinnerung an all die ermordeten jüdischen Mitbürger wachhält. Mit Staunen hat man in Höxter erlebt, dass ein Mensch, obwohl er hier viel Leid und traumatische Erlebnisse erfahren musste, seiner Heimat versöhnlich und in tiefer Freundschaft zugetan blieb. Vielleicht eine unbegreifliche, bestimmt aber bewundernswerte Haltung. Jacob Pins starb im Dezember 2005 in Jerusalem, an einer Zimmerwand ein Motiv aus unbeschwerten Kindertagen: „The River Weser".

55 Die Fotografie der Stimme
Joseph Massolle

Bielefeld, Ostern 1924: Das Palast-Lichtspieltheater ist bis auf den letzten Platz besetzt. Gebannt verfolgen die Zuschauer das gefilmte Treiben auf einem Hühnerhof und spitzen die Ohren. Tatsächlich, es ist Musik zu hören, Tierstimmen sogar, eine Säge, Wasser ... Das Publikum ist begeistert und feiert den Tonfilm und seinen Miterfinder, den Bielefelder Joseph Massolle.

Freilich bestanden, wie bei allen Neuerrungenschaften, auch gegen den „sprechenden, singenden und musizierenden Film" allerlei Vorbehalte. Man war sich sicher, „daß für den normalen Spielfilm die Erfindung von keinerlei Einfluß sein wird". Und es war nicht das letzte Mal, dass öffentliche Vorhersagen über die Bedeutung einer neuen Technik völlig danebenlagen.

Zu Beginn des 20. Jahrhunderts ließen sich die Menschen von der noch jungen Lichtspielkunst begeistern. Der Stummfilm hatte die Herzen der Massen im Sturm erobert und machte Schauspieler und Regisseure zu den neuen Helden der Zeit. So ließ sich auch der Bielefelder Schneidersohn Joseph Massolle von den flackernden Leinwänden verzaubern und erlebte jeden Besuch in einem Lichtspieltheater als ein Fest der Sinne, zumal Livemusik oder Grammophon die Stummfilme begleiteten. Nach einer Werkzeugmacherlehre in einer Bielefelder Nähmaschinenfabrik meldete sich Massolle 1907 zur Marine, wo man sein Interesse für jegliche Elektronik zu fördern verstand. So lernte er die Anfänge der Radiotelegrafie kennen. 1914 stellte ihn die Telefunken GmbH ein, die sich damals mit der Entwicklung von elektronischen Röhrenverstärkern beschäftigte. Gleichzeitig erlebte das noch junge Medium Film diverse technische Fortschritte.

Die entscheidende Neuerung aber war der Ton, wobei eine auf Schallplatten festgehaltene Tonspur mit einer Filmvorführung gekoppelt wurde. Allerdings war es mit der synchronen Kombination von Bild und Ton noch nicht weit her. Die Lösung lieferte die 1919 gegründete Gesellschaft „Tri Ergon" (Werk der Drei), mit der Joseph Massolle (1889–1957) und seine beiden Mitstreiter Hans Vogt (1890–1979) und Joseph Engl (1883–1942) zu Pionieren der Filmtechnik debütierten. In Berlin richtete das Trio sein „Laboratorium für Kinematographie" ein und ertüftelte eine Möglichkeit zur „Photographie der Stimme". Das Tri-Ergon-Lichttonverfahren, bei dem eine von einem Lichtstrahl abzutastende schmale Randspur auf dem Filmstreifen Bild und Ton verlässlich verband, konnte bereits 1921 in Kurzfilmen vorgeführt werden. Am 17. September 1922 war es schließlich so weit und Tausende Zuschauer durften am Kurfürstendamm die erste mehrstündige Tonfilmschau erleben, störungsfrei.

Doch die Zeitungen blieben kritisch und die großen Filmproduzenten gaben sich zweifelnd. Das Publikum jedoch

Am Ende war klar, die neue Tontechnik sollte das Kino revolutionieren.

war von dem neuen Kinoerlebnis hingerissen und wollte mehr. Binnen weniger Jahre sollte die Erfindung der drei die Filmtechnik revolutionieren, sodass die Industrie- und Handelskammer Berlin bereits im April 1930 verkündete: „Der Tonfilm hat sich inzwischen restlos durchgesetzt." Bis zum Endes des Zweiten Weltkrieges wurde das Verfahren der Tri-Ergon-Tüftler zum dominierenden seiner Art in Europa und fand auch in Übersee rasche Verbreitung. Nach dem erfolgreichen Verkauf war Joseph Massolle ab 1925 für zwanzig Jahre verantwortlicher Leiter für die Tonfilmtechnik bei der Universum-Film AG (Ufa) und damit auch unmittelbar am Welterfolg des „Blauen Engels" mit Marlene Dietrich sowie verschiedenen Filmkomödien mit Hans Albers und Heinz Rühmann beteiligt. Als der Toningenieur 1957 starb, war er nahezu verarmt und vergessen. Künftig wird sein Leben und Wirken im MuMa-Forum zu Bielefeld, einem neuen Museum für Filmkunst und Filmtechnik, ausführlich gewürdigt.

Der Autor

Matthias Rickling arbeitet als freier Autor und veröffentlichte in der Vergangenheit eine Vielzahl von regionalgeschichtlichen Titeln. Weiterhin lieferte er Beiträge und Konzepte für historische Ausstellungen und Dokumentationen. Seit seiner Studienzeit im Schatten des Bielefelder Leinewebers ist der Historiker ein bekennender OWL-Fan. Nach Ausflügen in diverse andere Regionen lebt er heute im ostwestfälischen Büren.

Bildnachweis

Shutterstock/Odessa25: Einband vorne; Shutterstock/Fabian Junge: Vorsatz, S. 49, Einband hinten (links); Shutterstock/Christian Schwier: S. 2/3; Shutterstock/ON-Photography Germany: S. 7; By Tsungam - Own work, CC BY-SA 4.0, https://commons.wikimedia.org/w/index.php?curid=69368491: S. 8/9; Shutterstock/Joppi: S. 10/11; Von BurnTheEvidence - Eigenes Werk, CC BY-SA 4.0, https://commons.wikimedia.org/w/index.php?curid=69452146: S. 12/13; Von Megalithfan - Eigenes Werk, CC BY-SA 4.0, https://commons.wikimedia.org/w/index.php?curid=64892715: S. 14/15; Shutterstock/jedamus: S. 17, Einband hinten (rechts oben); Shutterstock/Sina Ettmer Photography: S. 19; Matthias Rickling: S. 20/21, 43, 44/45, 47, 61, 77, 81, 92, 101, 103; Shutterstock/Art_Pictures: S. 23; Stadt Büren S. 25; Shutterstock/beckart: S. 27; Sennestadtverein S. 29; Angelika Wüllner: S. 31; Von TUBS - Eigenes Werk Diese Datei wurde mit Commonist hochgeladen. Diese Aufnahme wurde mit einer Canon Digital IXUS 500 erstellt., Gemeinfrei, https://commons.wikimedia.org/w/index.php?curid=8775001: S. 32; Von P6G47TG - Eigenes Werk, CC BY-SA 3.0, https://commons.wikimedia.org/w/index.php?curid=90640358: S. 33; Orgelmuseum Borgentreich/Ansgar Hoffmann: S. 35; Von Athde - Eigenes Werk, CC0, https://commons.wikimedia.org/w/index.php?curid=16850510: S. 37; P. Salmen: S. 39; Museum Wiedenbrücker Schule/Thomas Kleinert: S. 41; Shutterstock/Marc Venema: S. 51; Shutterstock/Traveller70: S. 53; Shutterstock/eallerdings: S. 55; By Tsungam - Own work, CC BY-SA 4.0, https://commons.wikimedia.org/w/index.php?curid=62497510: S. 57; Shutterstock/Sina Ettmer Photography: S. 59; Von Autor unbekannt - Eigener Scan, Gemeinfrei, https://commons.wikimedia.org/w/index.php?curid=7067657: S. 63; Von Annette von Droste-Hülshoff - http://sammlungen.ulb.uni-muenster.de/hdh/content/titleinfo/2090959, Gemeinfrei, https://commons.wikimedia.org/w/index.php?curid=29251799: S. 65; Shutterstock/mitifoto: S. 66/67; © Kreismuseum Wewelsburg/Foto Luca Backhaus: S. 69; Von Athde - Eigenes Werk, CC0, https://commons.wikimedia.org/w/index.php?curid=16321709: S. 71; Campus Bielefeld/Universität Bielefeld: S. 72/73; © Marta Herford/Helmut Claus: S. 74/75; Sylvana Stallmeister: S. 79; Firma Arnold Holste Wwe.: S. 83; Von Ohannes - Eigenes Werk, CC BY-SA 3.0, https://commons.wikimedia.org/w/index.php?curid=1953290: S. 85; Privatbrauerei Ernst Barre GmbH: S. 86/87, Einband hinten (rechts unten); Touristikzentrale Paderborner Land e. V. / R. Rohlf: S. 89; Shutterstock/Daniel Beckemeier: S. 90/91; Von Wilhelm Riefstahl - Scan einer historischen Postkarte; Hrg: Historischer Verein für die Grafschaft Ravensberg, Gemeinfrei, https://commons.wikimedia.org/w/index.php?curid=71720688: S. 93; Miele: S. 95; Reinhardt Hardtke/HNF: S. 96/97; Shutterstock/Andreas Wolochow: S. 99; Von Autor unbekannt - Scanned from "Die großen Deutschen im Bilde" (1936) by Michael Schönitzer, Gemeinfrei, https://commons.wikimedia.org/w/index.php?curid=5223779: S. 105; Von User Rinschen, Wolfgang on de.wikipedia - Fotoarchiv "Weber" Wolfgang Rinschen, Gemeinfrei, https://commons.wikimedia.org/w/index.php?curid=903537: S. 107; Von Unbekannter Fotograf - Scan von historischer

Bildnachweis

Foto-Ansichtskarte (Verlagshandlung der Anstalt Bethel) - Ausschnitt, Gemeinfrei, https://commons.wikimedia.org/w/index.php?curid=72819490: S. 109; By Underwood & Underwood - Underwood & Underwood, Public Domain, https://commons.wikimedia.org/w/index.php?curid=54803921: S. 111; Von Wertherchen - Eigenes Werk, CC BY-SA 3.0, https://commons.wikimedia.org/w/index.php?curid=11852456: S. 112/113; Jacob Pins Gesellschaft Kunstverein Höxter e.V. S. 115; Shutterstock/Callahan: S. 117; Shutterstock/Tefik rustemov: Nachsatz.

Impressum
Sutton Verlag GmbH
Arnstädter Straße 8
99096 Erfurt
www.suttonverlag.de

ISBN: 978-3-96303-220-2
Druck: Florjančič Tisk d.o.o. / Slowenien
Gestaltung und Herstellung: Sutton Verlag
Korrektorat: Una Giesecke

Buchhinweise

Hubertus Hagemeier und Verena Hellenthal

Sagenhaftes Ostwestfalen-Lippe

Die schönsten Geschichten und Legenden

19,99 € | ISBN: 978-3-95400-946-6